イラストでみる
楽しい「指導」入門

文　家本芳郎
イラスト　藤森瑞樹

高文研

まえがき

多くの教師は、「ニコニコ笑いながら子どもたちに話しかけると、子どもたちもまた笑顔で応じてくれる」という世界を夢見ている。

そんな世界の実現も、けっして夢ではない。ただし、その実現には、指導力が必要である。

子どもの指導がたいへんむずかしくなってきて、学級崩壊のように、指導不成立に追い込まれるようになってきた。指導不成立は、教師にとって、なによりもつらいことである。全人格的ダメージを受ける。そのことで、定年をまたずに教職を去る教師も少なくない。

だが、指導不成立のとき、教師自身が拒否されたと思い込んではならない。指導が拒否されたのである。

ものをつくる仕事は、突き返されたり、拒否されたりすれば、また新しいものにつくりかえて提供する。指導不成立も同じように、指導が拒否されたのだから、これまでの指導を総括し、新しい指導につくりかえて、指導すればいいのである。

これからの教育には、たえず、新しい指導をつくりだす工夫が求められることになろう。

しかし、日本の教育界は、指導の研究は苦手である。研究する必要がなかったからである。教師は「先生様」だったので、ひとことの注意で、十分に用が足りたからだ。その代表例が、指導＝注意という考え方で、これはいまだに根強く教育現場を支配している。

ところが近年、ひとことの注意では言うことをきかない子どもたちが出現し、さて、どう指導するか、となって、あれこれとやってはみたが、効果はなく、かくて指導不成立の状況を招くにいたった。

今日の学級崩壊における指導不成立は、指導力の不足が主因ではないが、その克服策のひとつである学校の教育力の倍増計画には、必須の課題となろう。

本書は、その指導の入門である。あえてイラストにしたのは、指導の豊かなイメージをいだいて、指導にチャレンジしてほしいからである。ここに書いた内容は、これまでに指導について書いたものに手を加えてある。

Ⅰ章は、指導＝注意という状況を打破するための工夫を説いた。

Ⅱ章は、指導のなかでもっとも多用されている「ほめる・叱る」について、時代にあった方法を採用すべきだと、その具体例をあげた。

Ⅲ章は、指導にはいろんな方法があるが、ここに、その基本形を概括した。どんな複雑な指導も、これらの基本形をくみあわせたものである。

Ⅳ章は、ことにあたり、指導を楽しもうとする態度が余裕をうみ、結果的に好ましい結果をもたらす。教師にとって楽しいことは子どもにとっても楽しいことだからだ。ここに、そのいくつかのノウハウを解説した。

Ⅴ章は、指導の最高形態である自治の指導に触れ、そのしくみをどのようにつくると、子どもたちは自発的に活動するのかをまとめた。

本書によって、指導力を身につけ、パワーアップすれば、指導は成立、教師生活は順風満帆にして、指導の優位性にたった教育をすすめることができる。

ということで、さっそく、本書を友に、パワーアップ大作戦を展開しよう。

なお、指導について、さらに究めたいときは、『教師におくる・指導のいろいろ』『子どもと歩む・教師の12カ月』『子どもの心にとどく・指導の技法』（いずれも高文研刊）などを参考にしていただきたい。

家本　芳郎

イラストでみる **楽しい「指導」入門**

❖ —— もくじ

✺ —— まえがき

Ⅰ章 「注意」に注意

Ⅱ章 ほめ方・叱り方

Ⅲ章　指導のいろいろ

Ⅳ章　楽しく指導

Ⅴ章　子ども共和国づくり

装丁＝商業デザインセンター・松田 礼一
イラスト＝藤森瑞樹

Ⅰ章「注意」に注意

「注意」に注意

いちばん能率的で楽な指導法

◀ポイント▶

「指導とは注意することだ」というくらいに「注意」は愛用されている。指導にはいろいろな方法があるが、「注意」くらい、能率的で楽な方法はないからだ。指導の最高形態ともいえる。多くの学校は、この「注意」による指導の成立を理想にしているが……。

3つのアイデア

1 一言ですむから能率的

廊下を走る子どもが増えてきた。教師が一言「廊下を走るな」と注意すると、ぴたっと走らなくなる。このように、注意は教師の一言で子どもたちが言うことをきくようになるから、きわめて能率的。かかる時間も一分くらいだから、仕事もよくはかどって気分爽快。

② 一動作ですむから楽

「注意」は言葉だけでなく動作も含む。子どもたちが私語している。先生はその子どもたちに向かって、唇を一文字に引き、人指し指を立てる。これは「おしゃべりをやめなさい」という注意のゼスチャー。と、私語がやむ。わずか一動作で指導成立。こんな楽な指導はない。

③ 一表示ですむから簡便

「注意」には表示がある。教師の眼の届かない場所で、注意を徹底するのに最適な方法。中学・高校の昇降口によく「土足厳禁」という注意の張り紙がある。この張り紙一枚で、土足で校舎内を歩く生徒がいなくなるとすれば、こんな簡便な方法はない。紙一枚を貼る手数ですむからだ。

ノート

注意は能率的で簡便なので、よく使われるが、しかし、近年、昔の子どもとはちがって、そうかんたんに、注意したくらいでは言うことをきかなくなった。そのとき、注意の仕方が弱いからだとして、注意をいっそう強化すると失敗する。では、どうすればいいのか。1つは、注意の仕方をいろいろと工夫してみること、2つは、注意以外のいろいろな指導法でとりくんでみること。そういう柔軟な対応が迫られている。

「注意」に注意

悪い注意の仕方の典型パターン

ポイント

子どもたちに注意することが増えている。注意するのはいいのだが、効果がないと、ただ繰り返して注意を強化するという例が多い。これでは、だんだんと状況を悪化させるばかりである。その典型的なパターンを理解することで、注意の指導の仕方を自省したい。

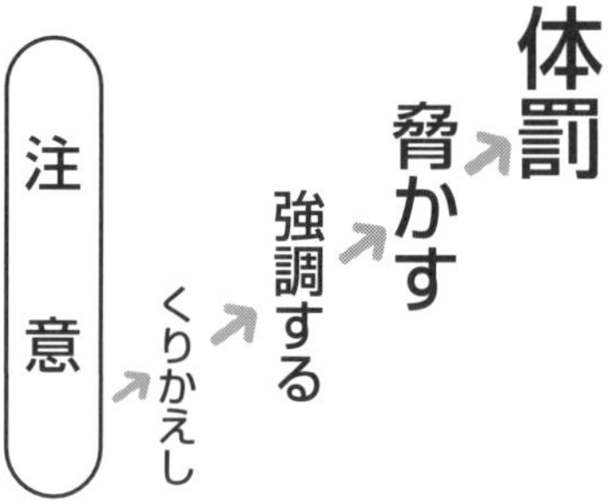

3つのアイデア

❶ スピーカー型

係の教師から「窓から紙屑を捨てないように注意してください」と言われると、学級担任は、「窓から紙屑を捨てないように」と、やや大きな声で注意する。学級担任が係の教師の拡声装置になった例である。大きな声を出して注意した分、熱心だと評価される。

❷ 強調型

係教師のスピーカーになって注意しても効果がないと、今度は、さらに大きな声を出して強調する。「窓から紙屑を捨てないように」と大きな声で言ってから「わかったか！」をつけ加える。強調したわけである。この一言がつけ加わるだけで、とくに、熱心な教師だと思われる。

❸ 脅かし型

強調して注意しても効果がないと、今度は脅かしをつけ加える。「そんなことしたら、親を呼ぶからな」と脅かす。しかし、親に知られて困る子どもには有効だが、「呼ぶなら呼んでみろ」と開き直る子どもには、この脅かしは通用しない。かえって嫌われ、反発されるばかりである。

ノート

これから先、注意＝指導という実践はますます増えていくことになろう。教師が多忙化し、ゆっくりと指導する余裕がなくなるからだ。しかし、「注意」には、穴が多い。せっかく効率のよい注意を用いたのに、注意不成立状況に陥っては、かえって多忙になるだけである。そうならないように、注意という指導の長所・短所を知悉《ちしつ》して使いこなすようにし、安易に、その簡便さに寄りかかることのないよう「注意」すべきだろう。

「注意」に注意

軽重・大小・遠近を判断する

◀ポイント▶

注意しても「またかよ、うるせえな」と言われては失敗。そのためには注意することの中身が問題。何を注意するかによって、軽重・大小・遠近を判断し、そのうえで、今、すぐに注意することかどうかを考えるなど、注意の仕方を工夫しなくてはならない。

3つのアイデア

❶「軽」か「重」か

注意することの「軽重」を問う。「重」とは人類のきまり、人類の道徳、その代表は、いじめ・暴力・窃盗・麻薬・喫煙・性非行など。頭髪・服装・ルーズソックスは人類のきまりではないので「軽」に分類。「重」は徹底的に「軽」は軽く指導することになる。

❷「大」か「小」か

すべてに力点をおいて注意したのでは効果はない。メリハリが必要である。そこで、「大」を設定する。「今月の指導目標は遅刻を減らすこと」と。重点的に注意することは大きくあつかうことになるからだ。今、なにを重点に指導するかによって、注意の力点を変えるわけである。

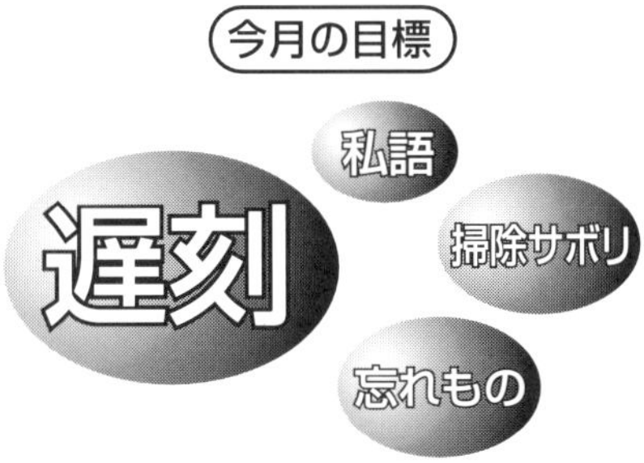

❸「遠」か「近」か

注意する内容には、今すぐに注意してやめさせなくてはならないことと、だんだんとなおしていけばいいことと、卒業するまでにはそうなってもらいたいことなどある。つまり、「近い見通し」「遠い見通し」を立て、それぞれに見合った注意をする。すべて「今すぐに」とあせると失敗する。

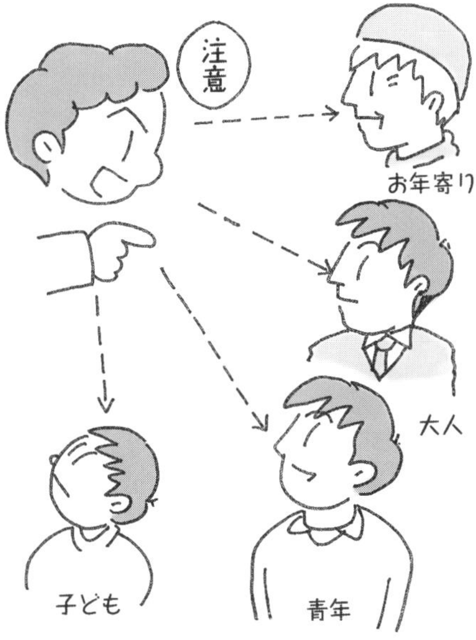

ノート

注意事項の多いときは、軽重・大小・遠近によって仕分けする。「重・大・近」は緊急課題として、今すぐ注意し、「軽・小・遠」の注意事項は、表示するとか、別の注意以外の方法でとりくむとか、後回しにするなど、しわけする。これらをいっしょくたにして、同列に扱い、同じ力点で注意すると、「注意過剰」になって、反発や反抗を受けたり、無視されたりして、結局のところ、注意不成立に追い込まれることになる。

「注意」に注意

注意＝叱責にならないようにする

◀|ポイント|▶

注意はかんたんな方法だけにむずかしい。注意は「〜について気をつけろ」というように、警戒や用心を説くものなのだが、否定的イメージが強く、子どもの行為をなじり、非難する雰囲気に陥りがちである。そうならないようにやさしい注意の仕方を工夫したい。

3つのアイデア

1 禁止から勧誘形へ

注意は、子どもたちのよくない行為を正そうとして表現されるので、とかく「〜してはいけない」というように禁止が多く、そのため命令口調になりやすい。そうならないように、「〜しようね」と勧誘形の表現も用いて、子どもの自発性を引き出す工夫をしたい。

❷ 思わず納得する理由をつけ加える

注意は、分かりきったことなのだから理屈など不要だという意見もあるが、理性を育てるには、なぜ、よくないのかはきちんと説明しなくてはいけない。ただし、短く的確に「なるほど」と思わず納得！ というように説明し、くどくどと注意して説教にならないようにしたい。

もし自分がいじめられたら、やっぱりいやでしょう

❸ 同じ言葉を使って繰り返さない

注意は、繰り返されることが多い。子どもは一度注意すると、しばらくやむが、またすぐに繰り返すからだ。だが、前と同じ言葉と理由で注意しない。言い方を替えて表現する。ときに、「廊下を歩いていて、気づいたことがありませんか」と質問して子どもたちに答えさせてもよい。

廊下を歩いていて、気づいたことがあります。何でしょう？
窓が開いてた
ゴミが落ちていた
水びたしだった

ノート

注意はもともと、忠告するやさしい親切なメッセージなのだが、処罰の一形式である「叱責」と同一視されることが多い。それは注意するときの教師の感情が「怒り」にとらわれていることが多いからだ。むろん、子どもは叱っていいのだが、注意＝叱るととられないようにしたい。そうなると、注意することの多い現在、「怒ってばかりいる先生」ととられ、子どもから嫌われ、注意しても、ききめがなくなるようになる。

「注意」に注意

注意の展開

ポイント

「注意」は簡便な指導法なので、ついこの方法に頼ってしまう。しかし、この簡便な注意が成立するには、対象となる子どもたちに、その注意を聞いて実行する道徳的実践力が求められる。その力を育てるのに注意ばかりしていては「注意嫌い」をうむことになる。

3つのアイデア

① 3回までは「言い換えて注意」する

同じことを3回までは「注意」していいだろう。ただし、同じ言葉で、同じように注意しない。少し言葉を換えて注意する。「言い換え」という。「靴のかかとを踏むな」も「身体の発達」「緊急時の対応」「靴が傷む」というように、理由を換えて注意する。

❷ 自分の言葉で注意する

「校則に書いてあるから注意しろ」というような権力的な言い方はしない。これはもっとも嫌われる話し方である。「校則にあるから注意するのではない。人間として必要なことだから守ってほしい」という態度、と自分の言葉によって子どもたちに話しかけるように注意する。

❸ 注意しないで目的を達する

注意しないで目的を達せられるようになればいうことはない。そうするには、①教師の人格的力量を高め、子どもたちに好かれ信頼され尊敬されること。②全校集団の指導によって、上級生が生きた手本になれるようにする。この2点によって、注意しないでも、その目的が達成されるようになる。

ノート

学校での注意の多くは学校生活に関する事項で、その注意の元をつくるのは大部分が上級生である。「裏門から入るな」と注意するのは最上級生が裏門から入るからである。学校での注意の真意には、常に「上級生を見習ってはいけません」がある。そうした状況が一般化するなか「上級生を見習いなさい」というように注意できたらどうだろうか。学校は一変する。そんな学校をつくれば教師の注意は半減するにちがいない。

「注意」に注意

「注意」の表現を工夫する

◀ポイント▶

毎日毎日、注意すべきことがある。自分で気づいたこともあるし、係の教師や教育委員会・地域・諸団体から「注意してほしい」と委託されたことがある。しかし、そうした注意を無選別に、むき出しにして注意しない。どう表現するか、いろいろ工夫してみたい。

３つのアイデア

❶ 体験を想起させる

「ガムを校舎内で噛捨てないように」と直接的に、かつ、箇条書き的な、むき出しで表現しない。「ガムの噛捨てが靴の裏にくっついて、いやな思いをしたことないか」と体験を想起させ、その後、「噛捨てないように」と注意する。これだけで注意の効果が倍増する。

❷ 例をあげて話す

「K県でいじめによる自殺があった。いじめた生徒の責任が追及されているが、4人でいじめたのだから、自分には4分の1しか責任がないと軽く考えてはならない。それぞれが1の責任をとることになる……」例をあげるときは、自校より、他校や同世代のものが効果的である。

❸ エピソードに仕立てる

「トイレットペーパーをいたずらする人は、必ずトイレの“物の怪《け》”に襲われる。家のトイレに夜10時過ぎにはいると、戸がぴったりと閉じて、生暖かい風が吹くと、トイレの下から冷たい手がするすると伸びてきて『紙、紙』ともがく。いたずらしない人は襲われることはない」

ノート

怪談話をして注意するのは昔からの方法だが、あまりやり過ぎると物議をかもすので、要、注意。「子どもが、夜、ひとりでトイレに行かれなくなった。あまり、怖がらせないでほしい」と苦情を言われたことがある。要は、注意事項の徹底なのだから、嘘っぽさのなかに、教訓が込められていればいいのである。「先生、本当の話？」「ほんとだ。しかし、解除のお呪いがある。『みか、みか』と3回唱えればお化けはでてこない」

「注意」に注意

書いて「注意」する

◀|ポイント|▶

教師の音声表現によって注意するほかに、書いて注意するという方法がある。書いたものは消えずに残るので、何回も取り出して読むことができるうえ、子どもの脳にそのメッセージが伝わりやすい。ときに、書くという表現をとおして注意してみたらどうだろう。

3つのアイデア

❶ 学級通信に書く

帰りの会で学級通信を配布すると、子どもたちはむさぼるように読む。記事に、教師が子どもたちに注意したいことを書いた文章を載せ、このとき教師が読む。「なぜ、注意してほしいのか」教師が自分の言葉で書いた切々たるメッセージは、静かに子どもの胸に届く。

太郎君が発言してくれて
先生はとてもうれしかった
学級
つうしん
学級
つうしん
学級
つうしん

② 読める、分かるように掲示

掲示してもよい。「大きな字」「目を引く」「読める」「分かる」「きれいに」「はがれない」ように書いて貼る。楷書で書く。カラーを使う。重要語句は朱書きする。ルビをふる。ひらがなで書く。やさしく表現する。なるほどと思えるように書くことに心がけると効果的。

③ 多様な表現を工夫する

学校での注意書きは「壁に貼る」が多い。しかし、貼る以外に「立てる」「吊り下げる」「めくる」表示、さらに「動く」「音を出す」「光る」「触れる」という表示もある。また、キャラクターを用いた表示なども効果的である。校内であっても「読んでもらう」努力が求められている。

ノート

茶色に変色した張り紙が垂れ下がったまま放置されているというように、注意書きは、貼りっぱなしにされることが多い。それは注意に対する軽視を生む。ときどき、貼り替えるようにしたい。新しい掲示に貼り替えることは、注意の徹底をはかろうとする教師の強い意志を伝えることになる。そのさい、世間の広告などからも学びながら、どうすれば子どもの心にとどく注意書きになるか、メッセージの伝達について工夫したい。

「注意」に注意

注意書きの工夫

◀ポイント▶

「危険。立ち入り禁止」という立て札は注意書きの代表例である。しかし、学校での注意書きは子どもたちに向けられたメッセージだから、まず、全員が読めるようにすること、「気をつけよう」という意欲と行為・行動を引き出すように表現されなくてはならない。

3つのアイデア

❶「よびかけ」で表現

「廊下は静かに歩け」「関係者以外立ち入り禁止」という禁止の表現から「廊下は静かに歩きましょう」というよびかけへ。よびかけの形の表現に切り替えただけでも学校の雰囲気が和やかになる。教室や廊下・階段、特別室や教員室の出入り口の張り紙を見直してみたい。

❷ 主体表現で意欲満々

「わたしたちは廊下を静かに歩きます」「ぼくらはトイレをきれいに使います」という表現がある。主語が「わたしたち」という主体的表現に、子どもたちの生き生きした意欲を感ずる。子どもたちがこのことを主体的に受けとめ、決意し、約束して守ろうとしていることがわかる。

❸ 先行評価法で意欲を引き出す

「廊下を静かに歩いてくれてありがとう」「トイレをきれいに使ってくれてありがとう」という表現がある。教師や係の子どもたちが子どもたちの行動を見越して評価し、感謝を述べる先行評価法で、「トイレを掃除する身になって使おう」という表現の一歩先を行くメッセージである。

ノート

小学校に「ぼくたち、わたしたちの約束」と題する校則がある。「ぼくたち、わたしたち」はぜんぜん関係なく、教師が勝手に作った校則だが、タイトルだけ見ると、いかにも子どもたちが作ったようにみえる。❷の「わたしたちは廊下を静かに歩きます」も、教師や係の子どもたちが勝手に作ったものだったら詐欺である。児童会・生徒会の、少なくとも委員会の決議を経て「わたしたちは」「ぼくらは」と表現すべきである。

「注意」に注意

ノンバーバル（非言語的言語）による注意

◀ポイント▶

教師はその身体全部を用いて指導する。音声だけでなく、しぐさや表現によっても注意する。しかし、いきなりは無理だから、「言葉+しぐさ」「言葉+表情」をセットにして表現しながら、しだいに「言葉」をやめ「しぐさ」「表情」だけで注意するようにしていく。

３つのアイデア

❶ しぐさによる注意

腕を伸ばして右手の手のひらを子どもにむける。「制止」の合図で「来るな。そこで待て！」、顔を横にふったり、両手を交差して「×」これらは一種のジェスチャーである。ただし、送り手と受け手に、しぐさとその意味についての合意がないと成立しない。

❷ 表情による注意

教師の表情は豊かでないといけない。唇を結んで下唇を突き出して「めっ！」という表情。こわい顔をしたり、顔をしかめたりして、教師の意思を伝達する。ただし、どんなに怖く、咎める表情をしても、眼だけは穏やかに笑っているようにしないと、憎むという表情になってしまう。

❸ 信号による注意

ベルが鳴ると教室へ入る。議長が木槌をたたいて開会を告げる。こうした信号による合図も利用したい。鈴を用意しておいて、その鈴を鳴らすと、手と口を止めて、一斉に鈴の鳴った方向に注目する。「静粛にして注目」の合図である。今日流に、携帯電話の着メロ風に工夫しても面白いだろう。

ノート

言語による注意からノンバーバルによる注意へ発展させる。ちょっとしたしぐさや信号という事務的な表現によって、穏やかにその意思を伝達しあうことができれば、学校社会では理想形となろう。ただし、ノンバーバルは世界共通語ではない。たとえば「アカンベー」は、フランスでは「嘘いうな」オーストラリアでは「性的誘惑」マレーシアでは「よく見ろ」を意味する。他民族を含む学級では、注意して用いるようにしたい。

「注意」に注意

限定法

◀ポイント▶

一人が悪いことをすると、全員に注意する。全員に注意するのは①類似行為の再発防止。②一罰百戒。③子ども同士注意しあうことへの期待からである。しかし、関係ないのに注意される子どもたちにとっては大いに迷惑。ときに、限定して注意するようにする。

3つのアイデア

① 当事者にだけ注意する

よくない行為をした子ども、グループ、学級・学年にだけ注意するという方法がある。匿名性を保つことによって、プライバシーの保護や権威失墜や志気の低下を防いだり、指導責任をあいまいにすることに役立つ。そういう場合、あえて全員に注意しない方法をとる。

❷ ピグマリオン効果

最上級生が問題をおこすことが多い。しかし、いつも全校の前で最上級生を注意すると、さらに事態を悪化させる。「悪い悪い」と言い続けると「悪いといったように悪くなる」ピグマリオン効果をもたらす。その効果は、それを聞いている下級生にまで及ぶので、慎重を期したい。

❸ 注意は両刃の剣

「注意」は一方で「よくないことを教える」ことになる。「三年生のように、学校で菓子を食べるな」と注意すると、それを聞いた下級生は、「学校へ菓子をもってきて食べるという方法があったんだ」という新しい知識を手に入れることになるので、注意はときに、限定することが必要。

ノート

ある小学校の6年生が窓から椅子を投げた事件があった。朝礼の後、6年生だけが残され、注意された。下級生の前では、あえて6年生を注意しなかった。数日後の朝礼で「6年生が下級生の椅子や机をきれいに磨いてくれた」と校長が全校の子どもたちに紹介し、6年生に感謝の拍手を送った。注意は当該学年に限定し、ついで、その失敗を克服する実践を導き、全校の前でほめた。これが「注意」という指導の全体像である。

「注意」に注意

注意のリニューアル

◀ポイント▶

注意の目標は、その行為を繰り返させないことが目標である。そのために、どう注意するか、その表現方法など、たえずリニューアルし続けなくてはならない。そのなかで、とくに、近年、下記のような注意の方法が効果があると注目されている。

3つのアイデア

① ビジュアル法による注意

実物を見せて注意するビジュアル法が効果的。たとえば、「ほうきを乱暴にあつかうな」と注意する場合。生徒たちにほうきを見せて「このほうきで掃こうとしたら……」と手にもって掃こうとすると、先っぽがポッと抜けてしまう。子どもたちは大笑い。そこで注意する。

❷ 黙々と行動で示す

教師たちが昼休み、黙々と壁の落書きを消している。生徒はその行為を見て、落書きしてはいけないことを強く心に刻む。これは行動で示す注意の方法である。それを見て参加してくる生徒もいる。荒れた学校では、こうした教師の率先行動によって、学校秩序を取り戻していった。

❸ 生徒にとりくませる

ベルが鳴って席につかない生徒がふえてきた。生徒会の生活委員会を開いて、そのことに気づかせ、生活委員会でとりくむようにした。生徒への注意は、なるべく生徒に気づかせ、生徒の問題としてとりあげ、生徒自身でとりくむようにするのが、もっともすぐれた「注意」の方法である。

ノート

子どもたちへの注意の仕方をいろいろ考えることである。それが「指導」することである。教師は、注意さえすればいいというものではない。「注意をきかせ」なくてはならない。「きかせる」とは「聞かせる」だけではなく、「利かせる」という充分なはたらきをうながした上で、「効かせる」つまり、「ききめ」があらわれなくてはならない。注意したことのききめがあらわれて、はじめて注意がきいたことになる。

クイズで注意

ポイント

教師が注意することは、だいたいきまりきったものが多い。意外性のある注意は少ない。だから、子どもたちもよく承知しているのだが、さらに自覚させるための面白い方法として「クイズで注意」という遊びがある。教師の注意内容をあてさせるゲームである。

さて
ここで
クイズ
です！

3つのアイデア

1 「なにを注意したいか」あてさせる

「今日の昼休み、先生は廊下を歩いて気づいたことがあります。このことはみんなに注意しなくてはならないと思いました。さて、その注意とはなんでしょうか」こう切り出してあてさせる。クイズである。景品を用意していって、あたったものにあげても面白い。

正解者には
商品を
あげます
ゴミ
窓が
あいてた
廊下を
走っていた

2 グループで答えさせてもいい

クイズの回答は、個人の子どもでもいいし、ときに、グループであてさせてもいいだろう。「昨日の放課後、みんなが帰った後、教室へ来て気づいたことがあります。ヒントは、いつも先生が口うるさく注意していることです。はい、班会議」こうやって答えさせてもいいだろう。

3 あたったら確認して徹底する

クイズはたぶん、かんたんにあてられるだろう。子どもたちは、いつどこでどんな注意の種を蒔いているか、先刻承知のことが多いからである。答えがあたったら「あたりました」とほめ、「よくあたったね。どうしてあてたのかな」とインタビューして、注意事項を再度、確認して終わる。

ノート

クイズを出すと、予期しない回答が出て驚くことがある。「タバコの吸い殻が落ちていた」こういう答えが出て、ぎょっとすることがあるが、その場で詮索しない。「ありそうなことだ」と感じたら、あとでそっと調べることにする。今は、クイズで遊んでいるのだから、真実の暴露とまちがえて、追及の姿勢をとると、子どもたちは、「このクイズは『新たなるチクリの裏技』ではないか」と警戒して、興味を示さなくなる。

＊ コメント

◆注意＝指導か◆

教師の「注意」の構造は、次の５つの文節から成立している。
①よくないことがある、悪いことがあると教師が認識する。
②教師の認識を子どもたちと共有する。
③その「行為」を叱る。
④「二度とその行為をくりかえさないように」忠告する。
⑤子どもたちは反省し、「二度としないぞ」と決意する。

この5つのうちのどれが欠けても、「注意」という指導は成立しない。ところが、現在の「注意」をみていると、下記のようになっている。
①よくないことがある、悪いことがあると教師が認識する。
②その行為をした子どもを怒る。
③「二度とその行為をくりかえさないように」禁止する。

両者を比較すると、「教師の認識を子どもたちと共有する」が欠けている。教師があたりまえと思って注意していることが、子どもたちにとってあたりまえでないことが多い。まず、教師がよくないと考えたことについて、子どもたちにも「よくないことだ」と認識させなくてはならない。
ついで、叱る、怒るのちがい。「行為」と「行為者」のちがい。さらに「忠告」と「禁止」のちがいがある。忠告は聞き入れるかどうかは、子どもの自発性に任されている。子どもの自発性にはたらきかけて「反省、決意」させないと、再発防止はむずかしいだろう。
今後、「注意」の仕方について、いろいろと「注意」すべきだろう。

Ⅱ章　ほめ方・叱り方

評価する3つの場

◀ポイント▶

子どもをほめたり叱ったりする教師の指導は、大きくは「評価法」という。子どもを評価することによって育てようというのである。では、いつどのようなねらいで評価するのか、およその目安があるので、それぞれの局面に見合った評価を心がけるようにしたい。

3つのアイデア

1 はじめに評価する

診断的評価法という。体育の授業のはじめに「前の時間には全員が飛べました。みんなにはものすごいパワーがあります。今日もそのパワーをフル回転して、元気に挑戦してください」みんなにはやる力があると評価して、その意欲と力を引き出す。

❷ 途中で評価する

形式的評価法という。よいところをほめながら、全体を引き上げていく評価法。音楽の時間、「今の栄田君の歌い方、よかったね。歌う姿勢がとてもよかった」こう評価することで、ほかの子どもたちの姿勢もよくしようとする評価法。やりながら、ほめながら育てる方法。

❸ 最後に評価する

総括的評価法という。ひとつの課題が終わったあと、忘れずに評価する。よかったことを具体的にとりあげ、問題点は次の課題として残す。国語の授業の後「今日は全員発言。すごいパワーを発揮したね」と評価する。この評価が、再び、❶へ引き継がれることになる。

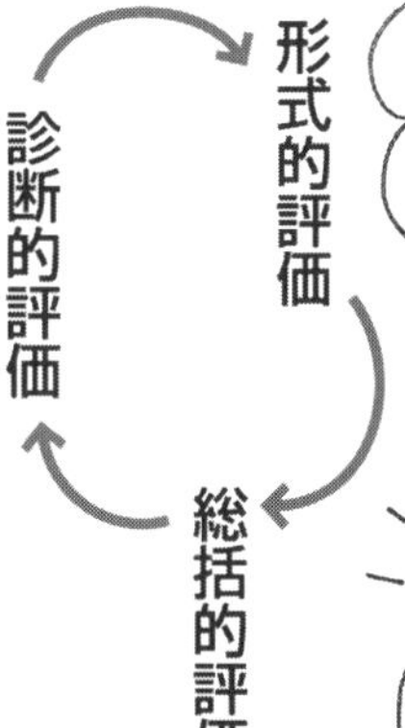

ノート

この3つの評価のなかで、難しいのは❷。❶と❸の評価は少し余裕があるので準備できるが、❷は臨機応変、その場で評価して発展させなくてはならないからだ。たとえば、ある子どもの発言に対して「なるほど、一歩踏み込んで心理を探ったね」こう評価すると、子どもたちはさらに心理に踏み込んで考えてみようとする。ところが、教師がなにも評価しないで、ただ「ほかには？」と言ったのでは、授業は深まらない。

ほめ方・叱り方

個性に即して評価する

◀ポイント▶

これまでの「ほめる・叱る」は、教師が「よい子」という理想像をもっていて、その基準に達するとほめ、達しない子ども、反する子どもを叱った。しかし、子どもの能力や成長の仕方にはちがいがあるので、まずは、個々の子どもにあわせて評価するようにしたい。

3つのアイデア

❶ 長所を伸ばし短所を埋める

学校は「知育・徳育・体育」の三育。授業の目標は「理解・技能・態度」こうした幅広い視点からとらえて、ほめたり叱ったりする。たとえば、態度が悪くても大声で発表できたら「態度が悪い」と叱るより「元気な声」をほめると、態度も少しずつよくなっていく。

❷ 前に比較して伸びたかどうか

「5分も遅刻したぞ」と叱ってよい。しかし、翌日、遅刻はしたが3分だったとしたら「2分減ったな」とほめ、「明日は1分に縮めよう」と励まし、そのためにはどうするかいっしょに考えてやる。「5分だろうと3分だろうと遅刻は遅刻だ」と叱らない。前と比較して評価する。

5分遅刻した
残念！
3分に縮まった
じゃあ、
明日は1分
1分に縮んだね！
明日が
楽しみだね！

❸ 結果だけでなく過程も評価する

徒競走で、一心にビリを走る子どもに教師は惜しみない拍手を送る。結果より過程を重視しているからである。しかし、勉強が遅れている子どもに拍手する教師は少ない。「一心さ」が足りないとみるからだが、遅れている子どもは子どもなりに「一心」なのである。そこを認めてやりたい。

頑張ってぇー！
2×3=5
4×2=

ノート

「毎日、漢字100字を書き取りしましょう」という運動をはじめたとき、40字しか書いてこなかった子どもがいたら、教師は叱るだろう。ところが、翌日、50字書いてきたらどうするか。「努力不足」として叱るだろうか。いや、昨日より今日は、10字増えたのだからと大いにほめて「明日は60字以上、書いてこような」と励ますだろう。子どもなりの努力を認めて評価する。このセオリーをすべてに適用したいものである。

ほめ方のセオリーをとらえなおす

◀ポイント▶

ほめ方にはセオリーがあるが、時代の変化にともなった、とらえ直しが迫られている。たとえば、近年、みんなの前でほめると、ほめられた子どもが「ブリッコ」としていじめられることもある。妬みを受けないようなほめ方を考えなくてはならなくなった。

3つのアイデア

❶ みんなの前でほめていい4つの場合

みんなの前でほめることと、個別的にほめることを区別する。みんなの前でほめてよいこと。ⓐできそうにないことができた場合。ⓑとりくんでいる過程をほめる場合。ⓒその子どもなりの努力を認める場合、ⓓ匿名でほめる場合。あとは、個別的にほめる。

② 多様なほめ方を使い分ける

ふつう対面してほめるが、電話してほめてもよい。また、表情・しぐさ・身振り・行為でほめる。書いたものでほめることもできる。賞状・掲示・学級日誌・班ノート・手紙・学級通信など。テスト用紙に「very good」「がんばったね」と書くのもいい。

③ なにをほめてもいい

価値観が多様化しているので、その子どものなにをほめてもよいだろう。行為だけでなく、服装の趣味、身につけているアクセサリー、性質、表情、姿態など、学校的価値観にとらわれず、世俗的価値観からみた美点「色白」など、すべてにわたってよいところをとりあげてほめるようにする。

ノート

ほめることもまた現代社会を反映するから、勝者に厚く注がれがちである。そうならないように､次の4点に留意する。①結果より努力が大事。②縁の下の力持ちがほんとうのヒーローであること。目にみえないところで励んだものこそほめられるべきこと。③多面的にほめる。知・体・徳の三領域はむろん、世俗的な価値観を含めてほめる材料を探すこと。④模範として賞揚するのではなく、個性の認知としてほめること。

ほめ方・叱り方

じょうずな叱り方

◀|ポイント|▶

過保護・少子化のなかで、甘やかされてきたせいか、「叱られる」ことに弱い子どもが増えている。留意すべきは、叱ったことで、子どもと教師との人間関係が切れたり、子どもが自信を失ったり、親のしつけの間接的非難となって、反発をかうことのないようにしたい。

3つのアイデア

❶ なにについて叱るか知らせておく

先生はどういうときに叱るか、あらかじめ子どもたちに教えておく。そうすると、叱るとき「叱り条例第二条発動、友だちと仲よくするに違反した。叱るぞ」となる。こうすることは「教師が機嫌が悪いから叱ったんだ」という恣意性に歯止めをかけることになる。

❷ 共通理解をはかることからはじめる

子どもが教師に反発する最大原因は「やってないのに、叱られた」である。この言葉を百%信ずるものではないが、「なぜ、叱るか」が理解されていないと効果はない。まず、叱ろうとする事例について、叱る教師と叱られる子どもとの共通理解をはかることからはじめる。

❸ みんなの前では叱らない

かつて、みんなの前で叱ったのは、一懲百戒と恥をかかせることで再発を防ぐねらいからであった。現在、この考え方は通用しない。叱るときは、他の子どもたちに見えない別室においておこなう。みんなの前で叱るときは、名前をあげずに隠して、その行為だけをきびしく叱るようにする。

ノート

叱るときはきびしく叱ってよい。しかし、「きびしく叱る」とは大きな声で怒鳴ること、くどくどと説教すること、修学旅行に連れていかないぞ、親を呼び出すぞと脅かすこと、罰を課すことだと受けとられている。そうではなく、ひとつは、教師の叱ったことが、どれだけ子どもの心に響いたかについてきびしく評価すること。ふたつは、そのうえで、再発は防げるかどうか、指導を貫くきびしさを指す言葉だと解したい。

ほめ方・叱り方

心に残るほめ方

ポイント

教師はいろいろな力で子どもを指導しているが、そのなかに人格的力量がある。子どもに好かれ、信頼され、尊敬される力である。この力量を育てるには、ほめじょうずな教師になることである。人はほめられればうれしくなり、ほめた人に好感を抱くようになる。

3つのアイデア

1 事実を認めることがほめる

社交辞令として子どもをほめるのではないから、美辞麗句や大げさな身振りや表情はいらない。ノートにいっぱい勉強してきたら「おっ、5ページもやってきたのか」とにっこりしながら、その事実を指摘する。それが子どもにとってほめられたということである。

❷ ほめることをさせてほめる

ほめることのない子どもがいたら、ほめることをさせてほめる。ほめることのない遠藤君に「先生といっしょにその教材を運んでくれないか」と教室へ運んでもらう。そして、帰りの会で「みんなに配った教材は遠藤君に手伝ってもらったんだよ。遠藤君、ありがとう」とほめる。

❸ ふつうであることが立派

すぐれた行為、平均以上の行為でないとほめられなかった。しかし、低成長時代である。ほめる基準も時代にあわせて、ふつうであることが立派なんだという観点を重視して、ほめるようにする。不登校も増えているというのに、「きょうも学校へきた」これは立派なことではないかとみる。

ノート

記録に残すようにしてほめるとよい。たとえば、学級通信に掲載する。すると、子どもは何回もほめられる。先生にほめられただけでなく、友だちにほめられる、父母にもほめられ、読むたびに、自分で自分がほめられるというように、何重にもほめられ、励まされ、慰められる。学級通信のほかにも、ノートや手紙に書いたり、ときには、提出物やテストの答案用紙に「花丸」記号を用いてほめてもよいだろう。

ほめ方・叱り方

心に残る叱り方

◀ポイント▶

子どもを叱りたいことが増えてきた。叱られたい子どももいるが、叱られつけていないので、叱り方が悪いと、自分の行為を棚に上げて、教師をうらみ、嫌い、不信感を抱くようになった。父母もまた、その不信を後押しするようにもなった。叱り方の工夫が求められる。

３つのアイデア

❶ 行為と人格を切り離して叱る

子どもを叱るとき、「悪い子だ」と叱ってはならない。「いい子なんだが、やったことは悪い」というように叱る。人格と行為をわけて叱る。そうすると、子どもの心のなかに、悪い行為を見つめて「やめろよ」と制止する、もうひとりの自分、つまり、理性が育つ。

❷ なにか深いわけがある

子どもが悪いことをするのはなにか理由があるからで、理由をたしかめて叱っても遅くはない。しかし、子どもの行為とその理由との因果関係はきわめて複雑なので、一見、分からないことも多い。よく分析して理由を突き止め、行為より、その心理的原因を解明する方向で指導する。

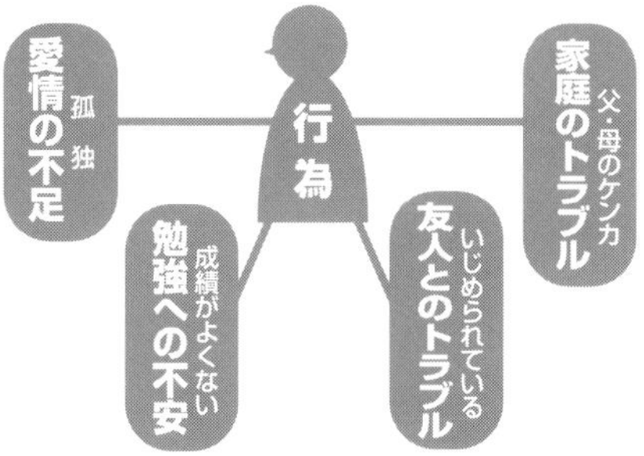
行為
愛情の不足
孤独
勉強への不安
成績がよくない
友人とのトラブル
いじめられている
家庭のトラブル
父・母のケンカ

❸ これからどうするか自己決定させる

教師が一方的に叱るのではなく、最後に「これからどうするか」自己決定に導く。その決定に多少の不満があっても、まず自己決定の一里程を刻んだことで満足し、その実行を励ます。どうしても教師がつけ加えたいことがあれば「こうするとなおよいと思う」と「思う」を入れて表現する。

これからはどうするの？
もう暴力はふるいません
良い方針だと思うわ
先生も応援するからね
いっしょに取り組んでみようね！

ノート

現在、家庭や友だちの問題、寡保護・過保護による未発達状況から発する葛藤をかかえた子どもが増えている。悪いことをするのも、そうした葛藤が引き金になっているので、叱ればやむものではない。叱るのは指導の1つの方法である。子どもを叱る前に、子どものかかえている問題の全体像をつかみ、分析して、指導方針を立て、その方針にそって、よく家庭と協力しながら、叱ることが必要なら叱るようにする。

ほめ方・叱り方

子ども同士でほめる

◀ポイント▶

子ども同士が、つねによいところを認めてほめあうようにする。子どもは成長するにつれて友だちとの関係が強まっていく。友だちは自立の助っ人だからだ。その友だちにほめられることがなによりもうれしく、自信もつき、自立も早まり、暖かい学級に育っていく。

3つのアイデア

❶ 帰りの会で「きょうのヒーロー」

帰りの会で、班ごとに「きょうのわが班のヒーローを紹介します。葉山さんです。跳び箱4段に挑戦してきた葉山さんが、ついに成功しました」拍手。学級委員が葉山さんの首に学級手製のヒーロー賞をかける。隔日でもよいが、子ども同士がほめあう仕組みをつくる。

❷ 行事の後にはかならず称揚

学級活動・児童会・生徒会活動・学年や全校行事などの終了後のまとめの会で、活躍した人を表彰する。しかし、めだって活躍した人より「縁の下の力もち賞」というような、かげで支えた人への称揚を重視する。1年をとおして全員がほめられるようにすることを忘れない。

❸「こんなところが好き」

最初は班内でほめる相手をきめて、ふたつよいところをカードに書き、そのカードを班ごとにまとめて貼り出す。「武田君は山田さん。山田さんは柴田君」というようにきめる。「柴田君はユーモアがあり、いつもみんなを笑わせます。また、親切で、配膳のとき重い食器を運んでくれます」

ノート

子どもは小学校中学年くらいから、だんだんと友だちにほめられることがうれしくなる。学級活動の時間や朝や帰りの会で、個々の子どものよいところを発見して、みんなに知らせる「きょうのヒーロー」「やったぜ、コーナー」というようなプログラムを特設して、ほめあうようにする。しかし、子どもたちのほめあい活動はどうしても人気者に集中して偏るので、教師が積極的に助言して、全員がほめられるようにしていく。

＊ コメント

◆自己実現の助言◆

教師は子どもをほめたり叱ったりするが、これは評価法という指導の一方法である。ほめたり叱ったりしながら、子どもを育てようというのである。

「ほめる・叱る」指導の最大の誤解は、子どもを動かす作戦だとする考え方である。たとえば「ほめて、おだてて、やらせる」といったようなとらえ方である。

とくに注意したいことは、「ほめる・叱る」によって、競争させようとすることである。賞罰によって刺激したり、優劣の順番をつけたり、集団のなかの位置を知らせたりして、競争を煽《あお》ってはならないだろう。自己実現のための助言、これが、「ほめる・叱る」という評価法のねらいである。

たとえば、教師がほめることで、自分のなかに眠っている可能性を自覚する。「自分にはこんなよいところがあったのか」と自分を知り、自分に自信をもち、さらに、その長所を伸ばしていこうとする。子どもの発達は、その美点にそって成長していくからである。

また、叱られることで、「自分にはこんなよくないところがあったのか」と気づき、なおそうとする自力更正の力を引き出し、自己変革を始動させる。

これが「ほめる」「叱る」のねらいである。いずれの場合も、子どもの自己実現のための自主能力を育てようとしている。

ただし、「ほめる・叱る」はむずかしく、個々の子どもに与えるはたらきに、大きな差異をもたらすことがある。同じようにほめても、子どもによっては、増長させたり、自信過剰に陥らせたり、また、同じように叱っても、子どもによっては、「ぼくばかり怒られる」とひがみをうむこともおこる。そうならないように、ほめ上手、叱り上手になりたい。

Ⅲ章　指導のいろいろ

指導のいろいろ

位置が子どもに与える影響 ——授業

◀ポイント▶

教師は子どもたちの前に立って対面して指導するが、立って対面するか、座って対面するかによって、子どもに与える心理的な影響に差が出てくる。また、対面以外にも、指導の目的によって、いろいろに位置を変えるが、そうした位置どりにはセオリーがある。

3つのアイデア

❶ 授業での正位置は黒板前

授業は黒板を使うから、教卓を前に、教壇に立って黒板の前が正位置である。教師は原則として、全員の子どもから見えるところに位置する。それは教師からも子どもたち全員が見える位置である。教師の一目で、子どもたち全員が視野に入る位置が最適である。

❷ 授業では、一ヵ所に位置しない

いつも同じ位置だと、教師から遠い子どもに眼が届かない。したがって、横移動、縦移動、机間移動する。横へ行ったり、後ろへ行ったりと、いろいろ場所を変えることで、子どもたちのなかに入り、作業の進行を調べたり、つまずいている子どもを発見して、教えたりする。

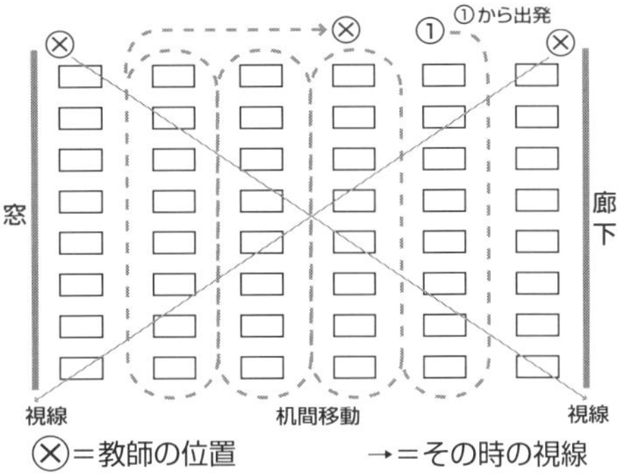
①から出発
①
窓
廊下
視線
机間移動
視線
⊗＝教師の位置
→＝その時の視線

❸ 体育では、また特別な位置がある

跳び箱の指導では、跳び箱の横にいて支えてやる。着地の補助が必要な場合は、着地点の近くに位置をとる。また、校庭を走らせるような場合、ゴールで待ったり、コース内から声をかけたり、ときに、子どもたちの走る方向にたいして逆走、つまり対面するように走り、励ますこともある。

すれ違うとき
ハイタッチ！
パチン
子どもの走る方向
教師の走る方向

ノート

教師は、言葉だけで指導しているのではない。手や足も使って指導する。さらに、体を使っても指導する。となると、当然のことながら、体が大きい教師と小さい教師では、子どもに与える影響が異なってくる。そこで、教師は、自分の体が子どもたちにどんな印象や影響を与えるのか自己分析し、その特徴を効果的に使い、不足があるとすれば、カバーする策を講じる必要がある。そのひとつが教師の位置取りの工夫である。

指導のいろいろ

位置が子どもに与える影響
——個別指導

◀|ポイント|▶

このごろ、個別指導する機会が増えてきた。叱るとき、ほめるとき、情報をとるとき、ある問題について話し合うときなど。このとき、子どもと教師はどんな位置関係が好ましいか。どんな場合であっても、威圧的な位置をとって、子どもに脅威を与えてはならない。

正面から向かいあう
横に座る

3つのアイデア

① なるべく目線の高さを揃える

教師が子どもより背が高いと、上から見下ろすようになる。「頭ごなし」となって圧迫感を与える。そこで、眼の高さを揃えるようにする。教師が座るか、しゃがむか、子どもを抱き上げるか、高いところにあげるかして、眼と眼を合わせて話すようにする。

こんどは
がんばろうね
一人でできたの。
よかったね！

❷ 横位置にいっしょに座って話す

子どもと話しこむときは、教師も子どもも椅子に座る。両者が対面しないように、教師は、子どもの横に位置をとるか、角をはさむようにして座ると、教師の言葉も親和的・支持的・共感的に子どもの胸に届くようになる。叱る場合、この位置取りはきわめて有効である。

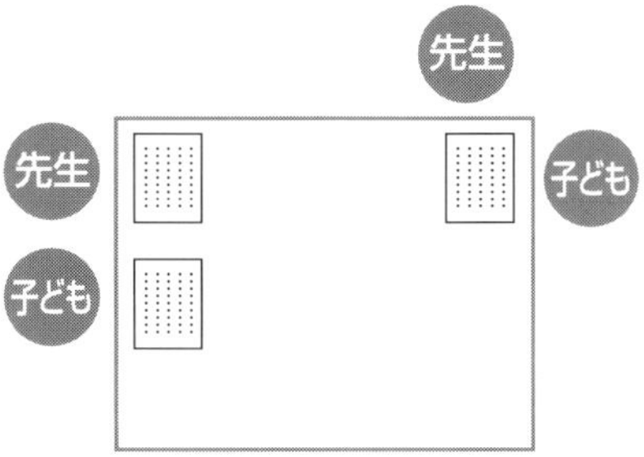

❸ 暴力的な子どもを指導するときの位置

興奮している暴力的な子どもを指導するときは、まず座らせる。教師は、子どもの横に座る。子どもの利き腕側の横がいい。両者とも前方を向いたままで、子どもを落ちつかせ、「水を飲むか」と聞き、うなずいたら水を飲ませ、それからゆっくり前方に向かって、やさしく話しはじめるとよい。

ノート

人と人との位置には関係性がある。Ⓐは上下型。対面するものの位置に立座・高低・大小・明暗の差などある場合。上下の差を意識させる「畏《かしこ》まり型」である。Ⓑは競争型。相手と距離を置いて対等に向かい合う場合。相手を意識することで、競争心をかきたてる。柔道や囲碁はこの型をとる。Ⓒは協力型。近寄って隣同士の位置をとる。コミュニケーションがスムーズにすすむ。共同作業に都合のよい位置関係である。

指導のいろいろ

基礎・基本を教える指示法

◀ポイント▶

折り紙を教えるとき、ひと折りひと折り「こう折って」と指示しながら教えていく。子どもは知らないからできないので、そのようなときは、指示しながら、指示したとおりにさせながら、覚えさせていく。基礎・基本を教えるとき、この方法はきわめて有効である。

3つのアイデア

① 一つ一つ教える

たとえば「飛」という漢字の書き順を教えるとき、子どもに考えさせたり、話し合わせたりはしない。こういう順で書くと教える。低学年では空描きして教えることが多いが、教師が指で一画ずつ、空へ描いて子どもたちになぞらせる。これが教えることの基本である。

❷ 手とり足取り法ともいう

理科の授業でビーカーに薬品を注ぐとき、「右手をこう体に密着させて注げばこぼれない」と手をそえて、いっしょに注いで教える。子どもの身体に技を刻みこむには、手とり足をとって教えることが求められる。言葉では説明しきれない学習内容の習得に役立つ方法である。

❸ シナリオどおりにさせる

手とり足取り法には、教師がシナリオを書いて、そのとおりに実行させることもある。たとえば、朝の会の司会をしたことのない子どもたちに、シナリオを書いて、そのとおりに読ませて、とりくませるというようにである。「やらせ」であるが、指導はこの基本からバージョンアップしていく。

ノート

子どもの自主性を育てることが究極の目標である。最初は指示法により手をとり足をとって教えるが、やがて、子どもたちの自主判断の範囲を広げ、自主的に行動できるように育てていく。最後には、子どもの自主行動に任せ、教師は終了後、ただ評価するだけとなり、さらに、評価もしない究極の段階へとすすめる。究極地点まで無事、到達できるかどうか、その成否は、その出発となる基礎・基本の指導にかかっている。

指導のいろいろ

助言法――その①

◀ポイント▶

子どもが活動しているとき、教師が「こうするとうまくいくよ」と、ちょっとしたヒントを与えて、その作業の進行を助けるはたらきかけをいう。子どもの自発的な作業を妨げず、それなりにすすむように助言する教師の言葉で、アドバイスとサゼッションがある。

3つのアイデア

① 指示的助言

掲示係の子どもたちが画鋲で壁新聞をとめているとき「壁新聞のように少し大きなものを貼るときは、すみの4ヵ所と、そのあいだにも鋲を打つと、いいよ」というように、ひとつの最適なやり方を助言する方法。ひとつの方法しか助言しないから、指示的な助言となる。

❷ 勧誘的助言

「紙屑が多いね。みんなに窓の外に捨てないように呼びかけようか」というように「こうしようよ」と誘う形の助言である。この指導には仕掛けがある。係の子どもに「呼びかけよう」と誘うと、係の子どもはみんなに「捨てないでね」と誘う。勧誘は勧誘を誘発するのである。

❸ 選択的助言

「それは困ったね。きみがとりくむか、それともグループでとりくむか、ふたつの方法があるけど、どちらにするかはきみの好きなほうを選ぶといい」と、複数の選択肢を与えて、どちらを選ぶかは、子どもに任せるという方法。テストの選択法とちがって、どちらも温度差はあるが正解である。

ノート

助言は子どもが知らないこと、困っていることに用いると効果的。そのとき、どの助言法がいいかは一概にいえない。状況をみて、適したものを用いる。ただ、指示的助言から選択的助言への方向で用いていくのがセオリーである。つまり、子どもが自ら判断する領域を少しずつ増やしていくのである。それは、低学年から高学年へのすじみちでもある。また、リーダーの指導では、意識的に選択的助言へ向かうようにする。

指導のいろいろ

助言法――その②

◀|ポイント|▶

助言は指示・命令ではない。その助言を採用するかしないかは、あくまでも子ども本人の意思に委ねられている。だから、助言が用いられないとき、指導が拒否されたと勘違いして、落胆してはならない。なぜ、助言が用いられなかったか、謙虚に反省することだ。

３つのアイデア

❶ 助言が採用されないとき

助言が採用されないのは、助言がよくないからだ。①助言内容が悪い。的はずれ。②タイミングが悪い。③その子どもに助言を消化する力がない。④助言する教師がその子どもに嫌われている。この4例から採用されない助言を分析し、反省することをすすめたい。

② ノーといえる自由

「成績をよくするため、毎日、2時間勉強しよう」と助言すると、子どもは断れないので、聞いたふりをしてやらない。断れるようにもっていく。「毎日、2時間勉強ってどう思う」と聞くと「無理」「どのくらいならやれるかな」「1時間かな」「では1時間からはじめよう」

③ その困難さの情報も提供する

「毎日2時間勉強するとなると、好きなテレビもみられなくなるけど、いいのかな」と、助言を採用した後、どんな困難が待ち受けているか、よく説明する。騙《だま》し法ではないから、発生する事態を予測し、正確な情報を提供して、その意思をかためるようにしなくてはならない。

ノート

教師の助言が失敗することがある。いつも成功するとは限らない。そんなとき「子どもの努力が足りなかった」として、子どものせいにしてはならない。「この子どもはあきやすいという、その性格を承知のうえで方針を立てて助言しなかったから、途中で投げてしまったんだ」つまり、「助言がよくなかったのだ」ととらえ、子どもといっしょに、どうして失敗したか考え、新しい方針を立てて、助言しなくてはならない。

指導のいろいろ

ハウツウ法

ポイント

ハウツウとは「仕方」「方法」という意味だが、ハウツウを教えるのはよくないという意見がある。「漢字は100回書いて覚えろ」というような、機械的な注入に堕する危険性があるからだ。子どもの力にそいながら、科学的な方法を教えれば、なんの問題もない。

3つのアイデア

1 まず現状を押さえ、考えさせる

「漢字をどうやって覚えているの」「見て覚える」「覚えられるかね」「覚えられないこともある」「では、全部を覚えるための方法を考えよう。いい考え、あるかな」「書き取りする」「それはいいな。何回くらい書くかね」「2回かな」「よし。ではやってみるか」

❷ やってみて、さらに考えさせる

「2回も書き取り練習したのに、まちがえたな。残念。どこが悪かったんだろう」「まちがって覚えた」「どうしてまちがえて覚えたのかな。よく見てごらん。ここの点がなかったり、手偏なのに人偏になっているね。どうしたら正確に覚えられるのかな」「3回にふやそうかな」

❸ 覚え方を教える

子どもが方法を考えだしたらハウツウを教える。①漢字の画数を知る。「秋」は9画だと知って練習すれば点や棒を忘れない。②漢字には成り立ちがあるから偏や冠などかたまりで覚える。③「そら」とひらがなで書いておいて「空」と漢字を書いて練習する。「では、やってみようか」

ノート

方法が悪いと結果はよくない。しかし、子どもは結果から方法をとらえなおすことは苦手である。そこで、教師は、「こうしなさい」と方法を教えて、いい結果を導き出そうとする。ところが、「方法」を教えれば、子どもが採用するとはかぎらない。その方法を採用するにも、能力が必要だからだ。したがって、その方法を採用するモチベイションと能力を少しずつ育てていかないと、教師の指導は空ぶりすることになる。

情　報　法

◀ポイント▶

子どもは知らないから「しない」、わからないから「できない」のである。教師にとって当然だと思うことも、意外に、子どもが知らないことが多い。教師は頭ごなしに押しつけるのではなく、「なぜ、そうするのか」その情報を与えることで、納得の指導に心がけたい。

３つのアイデア

❶ 注意一言ですまさない

よく「食事前に手を洗いなさい」という。手を洗うのは、マナーであり、たんなる習慣だと思っている子どももいる。手を洗うのは「手をとおしてバイキンが口に入ることを防ぐためだ」という理由を説明し、納得させてしつける。これが情報法という指導方法である。

❷ 脅かしてはいけない

食事前に手を洗うことを強くしつけようとして「世の中はバイキンだらけなんだ。みんなの手にもいっぱいついているんだよ」と顕微鏡でとった拡大図を見せて子どもたちをびっくりさせ、手を洗わせるというのは、いささか情報の与え過ぎ、やり過ぎである。脅かしてはいけない。

❸ 印象深く情報を与える

「今日のように雨の日には、とくに交通事故に気をつけよう。去年、きみたちと同年の隣町の中学校生徒のk君が横断歩道でダンプにはねられるという事件がおこった。雨の日は視界が悪いので、よく注意して渡るように」同世代の情報には敏感なので、この注意は印象深く子どもたちの心に届く。

ノート

どんな注意事項にどんな情報を添えるか、それが教師の腕の見せどころである。インパクトの強い情報をどう準備しておくかが問われる。同世代の話、教師の自己開示による例話、教師が出てくる話、こわい話、臭い話、エッチな話にふれた情報だと、子どもたちはよく聞いてくれる。しかし、同じ注意に、毎回、新しい情報は添えられない。「この前にも話したように」と前置きして注意し、ときどき、新しい情報に更新する。

指導のいろいろ

説　得

ポイント

子どもが「なるほど」と納得して、はじめて「やろう」という気になってとりくむ。このはたらきかけを「指導」という。いやいやながらやらせてもうまくいかない。「なるほど」と納得させる方法はいろいろあるが、説得して同意を求めること、これが基本形である。

3つのアイデア

❶「説得」は「対話」によってすすめる

説得は対話によってすすめる。教師が説得したとき、生徒は反論してよい。その自由を認めている。この方法はギリシャ時代から用いられている。教師が一方的に説得して「分かったな」としてはならない。両者が対等に対話しながら、理によって納得させていく。

❷ 説得の手順

説得が必要な場面の多くは叱るときである。そこでは説得に比重をかけたほうが効果的である。手順は、その行為はよくないことだと認識させ、二度とやらないことを決意させる。前者が説得の場面だが、相手は生徒である。正しいことなら知性ある教師が説得できないはずはない。

❸ 説得の技術

理由をあげて説得する。「保健衛生上よくない」「その行為は先生は嫌い」「みんなが迷惑」「人間としてまちがい」などいろいろある。教師が信じ、生徒が理解できる理由をあげて、「先生はこう思う」と説得する。だが、「校則違反だから」という理由はもっとも嫌われるので、要、注意。

ノート

「休み時間に菓子を食べてもいい」「体によくないよ」「自分の体のことは自分でしまつするから、よけいなことは言わないでほしい」「きみは日本の子どもで、先生は日本の教師だ。日本の将来のために、きみには健康であってほしいから、あえていうのだ」あるいは「学校は堅苦しいところなんだ。家にいるようにはいかない。だが、この堅苦しさが、じつはきみを強くしているんだ」こう説得して成功したことがあった。

指導のいろいろ

奨励法／よいことを広げる

◀ポイント▶

奨励法とは強制ではない。管理でもない。「こうやるといいよ」「そうしようぜ」と誘う方法である。そう誘われて、誘いにのるかどうかは子どもに任せられている。だから、子どもの意思を尊重した、子どものやる気や力を引き出すすぐれた指導法である。

3つのアイデア

❶ 見定められないことに効果的

風邪が流行ると「外出して帰宅したらすぐにうがいをすること」と指導する。しかし、うがいをしたかどうか、いちいち調べることはできない。こういう見定めることのできない場合、奨励法を用いると効果的である。「風邪の伝染を防ぐ」と根拠を述べて奨励する。

❷ 強引にさせられない場合、効果的

給食で、好き嫌いをなくそうとしても、嫌いなものを口をこじあけて無理に食べさせることはできない。また、「食べるまで帰さない」という指導もまちがいである。そういうとき「魚は骨まで食べよう。骨が丈夫になって、強い体になります」とすすんで食べるように勧める。

❸ 具体的なことを奨励する

「朝、オハって挨拶しようね。気持ちいいものね」「友だちが泣いていたら、どうしたのって声をかけてやろうね。悲しいとき、声をかけられたらうれしいものね」というように、だれもがすぐにできる具体的な行為・行動を奨励する。「一日一善」というような抽象的な奨励はしない。

ノート

賞による奨励がある。たとえば、スポーツ界の金メダルは選手のモチベイションを高めている。学校でも「皆勤賞」という奨励法があった。この賞は「学校を休まない」「じょうぶである」「がんばった」ことを賞し、「まじめ」「健康」「努力」の3つを兼ね備えた人になりなさいと奨励した。しかし、この賞をもらうために、無理をして登校するなどの弊害もみられるようになり、徐々に廃止されるようになった。

指導のいろいろ

手本を示すモデリング①

◀ポイント▶

子どもたちができないこと、まちがっていることを責める前に、「こうやるとうまくいくよ」と教えてやらなくてはならない。その教え方のひとつが「モデリング」である。「先生がやるからよく見てなさい」と教師がやって見せて、模範を示すという方法である。

3つのアイデア

❶ 手本になるスキルを示す…範示

「みんなの黒板の拭き方だと、黒板の下が真っ白く汚れる。今から先生が黒板の拭き方を教える。よく見てなさい」と黒板拭きで上から下へ拭いていき、粉を溝に落とす。「こうすれば粉が溝に落ちて、黒板の下が汚れない。横に拭くのではなく、上から下へ拭く」

❷ 手本となる歌い方を示す…範唱

「ちょっとやめて。なに、みんなの歌い方。腰を曲げて眼をつぶって死にそうな声出して」と子どもたちの歌い方で歌って見せる。子どもたちは笑う。教師が鏡になって見せたわけだ。「そうでなく、歌うときは胸を張っていい顔して、お腹の底から声を出す」と、歌ってみせる。

❸ 手本となるように読む…範読

範読とは教師が模範を示すように読む。国語の授業でよく用いられる。教材を提示したとき、発声の基本、明瞭・大小・強弱・間・意連・抑揚・息つぎ・緩急などを教えたり、転調や無声音や会話文など、口頭で説明するより、「百聞は一見にしかず」教師が読んで聞かせればいっぺんに理解する。

ノート

モデリングは授業ではよく使われる。しかし、なぜか、しつけになると、用いられることが少ない。ほうきの掃き方が悪いと「ちゃんと掃け」と怒鳴るだけ。なぜ、このとき、「ほうきの掃き方」を教えないのだろうか。「ほうきはこうやって掃くんだよ。やさしくやさしくあつかうと、ゴミさんたちも気持ちよく集まってくれるんだ」とか言いながら、やって見せたらどうだろうか。しつけにもモデリングを用いることである。

指導のいろいろ

モデルは教師とは限らない／モデリング②

◀ポイント▶

「モデリング」は最高の指導法である。見本を示すというナマの指導によって、印象深く、リアルに伝えることができるからである。しかし、常に、教師が手本を示すことは難しい。示せない場合は、生徒や他の教師や地域の人々に頼んで示してもらってもよいだろう。

3つのアイデア

❶ 手本となるよう体で示す…範技

範技とは模範演技のこと。たとえば、体育の時間、鉄棒の蹴上がり、車輪など教師が実際に演技して模範を示すという用語。範技は二回実施するのがコツ。一回目は全体の流れを示し、二回目の範技では、とくにポイントになるところを強調して表現し、印象深く印す。

❷ モデルは子どもでもよい

子どもの知らないことを教え、まちがったことを是正するために「手本を示す」ので、モデルは教師になりがちだが、ときに「ちょっと、A君のほうきの掃き方を見てごらん」と、子どもをモデルにしてよい。仲間である子どものモデルのほうが、ずっと効果的ということもある。

❸ 地域・父母の人に示してもらう

たとえば、餅つき大会をやろうとする場合、教師も経験がなく、どうついてよいかわからない。そんな場合、地域の人に頼んで、もちのつき方を教えてもらう。教師も子どもたちも地域の人々のつき方を見て、それを手本に自分たちもついてみる。これから、モデル役を広げていくことになろう。

ノート

自転車に乗りたいが、こわくて乗れない子どもに、同じ年頃の子どもたちが乗り回している姿を見せると、少しずつだが、こわがらずに自転車に乗ってみようかなという気持ちにさせることができる。これもまたモデリングの手法である。子どもには子どもに対する強い影響力があるからだ。といって、特定の子どもをモデルにすると「ひいき」ととられ、「ぶりっ子」として、いじめの対象にされることもあるので注意する。

自己開示法

ポイント

今、最も効果のある指導法が自己開示法である。教師が子どもたちに自分自身を語る指導法。教師が一段高いところから子どもと接するのではなく、教師もひとりの人間であること、ともに歩むものだというメッセージを伝えるので、受け入れられるのだろう。

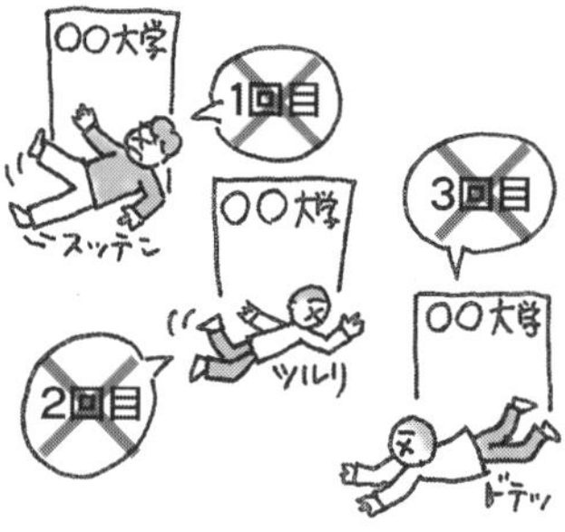

3つのアイデア

1 自分のなにを語るか

生育・生活史や現在の生活・家族の話や自分の話。とくに、教えている子どもと同じ年ごろの自分の話や初恋の話などは子どもたちに人気の話題。また、「先生も悩んでいる。困っている」という感情。「いじめはぜったいに許すことはできません」という価値観などを語る。

❷ 失敗談がいい

「成績優秀」「スポーツ万能」「成功談」「経歴や学歴自慢」の話より、挫折した話、先生や親や地域の人に叱られた話など、失敗談や自己の欠点・短所が丸出しになるような話がよい。子どもたちは優等生的教師より、自分に近い人間臭い教師に親近感を抱いているからである。

❸ いつ自己開示するか

たとえば、子どもが宿題を忘れたとき「先生も子どものころ、よく宿題を忘れて先生に叱られてばかりいたんだ。忘れん坊だった。だから、あまり大きなことは言えないんだが」と前置きして注意するというように、子どもが失敗したとき、「じつは先生も」と自己開示するのがもっとも効果的。

ノート

「大学受験に3回もすべった」「5回も女性にふられた」と自己開示できる教師は子どもたちに好かれる。飾らずに隠しごとなく自分をさらけ出して、子どもたちと接しようとするからだ。自己開示ができる教師は「3回もすべった」という失敗した自分が好きなのである。だから、自己を開示できる。反対に、自己を肯定できない教師は自己開示できない。あるがままの自分を好きになれば、しぜんに自己開示できるようになる。

指導のいろいろ

聞く

ポイント

教師は教え好きなせいか、子どもの話を聞くのが苦手である。子どもの一言に10の言葉を投げ返すことも少なくない。聞き上手になって、子どもの心にたまっている思いをしっかりと受けとめることである。聞き上手になると、子どもにも好かれるようになる。

3つのアイデア

1 感情を聞く

子どもの話を聞こうとしたら、まず感情を聞く。「頭にきた」といったら、まず、「怒っている」という感情を受けとめてやる。理で聞くと「なにに頭に来た。なんだ。そんなことか。くだらないな」と、感情を受けとめられなくなり、子どももまた、話さなくなる。

2 繰り返しの技法

子どもの話を聞くとき「先生は真剣に聞いているよ」と伝わるように応ずるには、子どもの言ったことに「の」をつけて繰り返す。「頭にきた」と子どもがいったら「頭に来たの」こう聞くと、話しやすくなって、さらに話がはずむ。繰り返しは、むろん、要点だけでよい。

3 聞き上手に雑談する

雑談とは「雑」だから、教師の仕事のなかでも優先順位は低い。しかし、教師と子どものコミュニケーションが断絶の危機にあるとき、雑談の優先順位を上位にして、子どもたちとの雑談の機会をふやし、子どもたちの話の聞き上手になって、その傾向や興味・関心を知り、交流を深めていく。

ノート

歌人・俵万智の作品に「寒いねと話しかければ寒いねと答える人のいる暖かさ」という短歌がある。感情を聞き、繰り返しの技法を用いた対話の典型を描いた作品である。しかし、教師の場合、子どもが「寒いね」と話しかけてきたらどう応するか。「薄着してるんだろう」「風邪、引いているの」「子どもは風の子、寒くない」こういう理によって応じるのが冷たい指導。「寒いね」とまず共感するのが暖かい指導である。

＊ コメント

◆指導の多様性を学ぶ◆

授業中、おしゃべりしている子どもがいる。「おしゃべり、やめなさい」と注意する。しかし、注意しても、まだ、しゃべっている。さらに、注意する。しかし、やめない。

そこで、どうするか。とっさに、私語している子どもたちを分析し、その実情に即して、いくつもの選択肢のなかから、当面の指導を選びだす。教師は日々、こうした局面に立たされ、その局面にもっとも効果的な指導の採用を迫られている。

ただし、条件がある。「指導する」のである。指導とは、教師の子どもに与える肯定的な影響力に基づいて、子どものやる気を引き出すはたらきかけをいう。したがって、怒鳴らない、脅かさない、体罰しないで私語をやめさせなくてはならない。暴力的な力によって動かすのは管理主義である。

だとすると、教師は、「指導のネタ」をいっぱいもっていないと機に応ずることができない。私語をみて、勉強がわからないからか、低い友情関係にあるためか、教師への反抗なのか、自立障害なのか、その理由によって、指導の仕方が変わってくるからである。

昔のように、「理由を問わず私語は叱責」というような一元的価値観による指導は成立しなくなった。子どもの個性が多様で、その個性に見あった指導を展開しなくてはならなくなったからである。

そうした、多様な指導に応じた力を身につけるには、指導について学ぶ必要がある。幸いなことに、指導の実際を、毎日のように、周囲の教師の実践から学ぶことができる。教師はみんな一芸の指導にすぐれている。ついで、実践記録を読んで学ぶこと、さらに、子どもたちからも、世間からも学ぶことができる。

学ぼうとさえすれば、いくらでも自らの指導力を高めることができる。

Ⅳ章　楽しく指導

楽しく指導

ネーミングで楽しいイメージ

◀ポイント▶

「ノートにやりなさい」というよりも「パワーアップノートにやりなさい」というほうが、なにかパワーがつくように思う。学校はきまじめすぎるので、せめてネーミングだけでも楽しくしたら、子どもたちの意欲や創造力を豊かに刺激できるのではないだろうか。

3つのアイデア

1 保健係を「保健所」に

保健係がハンカチ調べするが、協力してくれない。そこで「保健所」にした。係が「保健所から参りました。ハンカチ調べです」と言うと、子どもたちは「ごくろうさまです」とすすんで協力するようになった。保健所にしたら一挙に「ごっこ遊びに」転化したのである。

❷ トトロ探検隊

野外観察の時間がある。「これから冬の林を観察します」これでもいいのだが、さらに一歩踏みこんで「これからトトロを探します。きみたちをトトロ探検隊員に任命します。林の隅々にまで、気を配って発見してください」こう述べたほうが、観察へのモチベイションが高まる。

❸ 運転手と車掌さん

班をロケットにたとえた実践がある。1班は1号車で「金星号」とネーミングした。ロケットには「運転手」「車掌」がいる。両者とも班長のことだが、「運転手さん集まって」「車掌さん、プリントを集めてください」と言う。子どもたちの学級生活は一挙に宇宙への夢を育むことになった。

ノート

ネーミングには危険性も同居している。包装紙と同じで、包まれているものの価値とは無関係だからだ。しかし、市場経済がそうなっているのだから、学校では、ネーミングにだまされない消費者教育が求められる。「かっこいい名前をつけているけれど、中身はからっぽだね」というように、見破る力も育てなくてはならない。ネーミングによって子どもの夢を育みながら、同時に、複眼的な指導が求められている。

楽しく指導

称　号　法

ポイント

社会にはその人への尊敬をあらわす称号がある。「名人」といった言葉。その称号を子どもにも用いるという方法。また、授業中、「今の発言はとてもよかったね」とほめながらすすめると、授業のリズムが崩れる。そんなとき、短い言葉で評価する方法がある。

3つのアイデア

1 子どもは「個性」の王様

子どもは個性的存在だから、できるだけ、それぞれのよいところ、めだつことをとりあげほめてやる。なにかにつけて称号を贈るようにする。掃除を一生懸命やったら、「君は掃除博士」このように「鉄棒博士」あるいは、「クイズ名人」「漢字名人」として賞揚する。

❷ 子どもはなにかのチャンピオン

帰りの会で各班ごとに「今日のチャンピオン」を選んで紹介する。「3班は遠藤君です。給食の時間、面白いことを言ってみんなを笑わせたので『ユーモア・チャンピオン』とします」こうして選ばれてチャンピオンの一覧表を飾っておく。全員をなにかのチャンピオンにする。

❸ 野球用語を用いて、盛り上げる

授業を活気づかせ、盛り上げる方法。子どもの発言に「ヒット」と言ってほめる。続く発言に「2塁打！」こう評価すると、子どもたちはのってくる。「おっ、3塁打！」子どもはもっと上をねらって、活発に意見を出してくる。いい意見だ。正解だ。すかさず「ホームラン！」

ノート

「なにかの名人」「なにかのチャンピオン」は、教師の指名や仲間の推薦によるだけでなく、自ら積極的に「個性」を主張しようとする活動へと発展させてもいいだろう。題して「マイブーム作戦」自分を売り出す活動である。学級活動の時間、それぞれの特技・趣味の発表会を開く。「早食い」「鼻から提灯」など、どうかなと思うものも出るが、あまり「教育的」ということにこだわらず、自由に発表させるといいだろう。

楽しく指導

ソフト法

ポイント

指導には硬いのと柔らかいのとがある。これまでの学校は、きまじめで硬い方法で指導してきた。たとえば、注意する。説教する。話し合わせる。決議させるなど。しかし、社会の変化に対応して、柔らかくソフトな方法で指導することも求められるようになった。

3つのアイデア

1 遊びで「男女仲よくする」

学級社会ではよく男女が対立する。こうしたとき、教師が説教したり、話し合って仲よくさせることはむずかしい。こんなとき、男女混合グループ対抗のゲームをすると、グループ対抗に燃えるなかで、男女のわだかまりも消え、しぜんに仲よくなることができる。

❷ なんでも「ヤダくん」には群読

学級に、なんでも「やだやだ」といって、なんにもしない子どもがいる。そんな子どもがいたら「ヤダくん」という群読をとりあげ、その子どもを主役にして表現させてみる。「ヤダくん」は、朝から晩まで寝言にも「やだ」といっていた子どもの自己変革が主題になっている。

※『家本芳郎と楽しむ群読』参照

❸「協力しろ」は長縄跳びで

「みんなもっと協力しろ」と叱ってもだめだ。こんなときは学級全員で長縄跳びに挑戦してみる。最初は3回しかできなかったのに、だんだんと息が合うようになり、10回跳べるようになったとすれば、協力の成果として自覚され、子どもたちはさらに上をめざして協力してとりくむようになる。

ノート

遊び・群読・長縄跳びは文化活動として総称される。このほかに、新聞・飼育・栽培・合唱・スポーツ・パソコン・趣味活動など、多彩な領域がある。そのいずれの活動をとりあげても、その教育的効果は高い。文化には人と人を結び、力を出し合ってとりくみ、その成果をわかちあうという作用がある。しかも、楽しさのなかに、ソフトな語り口で、個々の子どもの発達を保証し、学級集団の発展をうながすことができる。

楽しく指導

再現法／ビデオテープでもう一度

◀|ポイント|▶

子ども同士のけんかを教師がどう裁くかは難しい。訴えだけ聞いても判断がつかない。そこで、まわりの子どもたちも参加させて、そのけんかを再現してみる。どちらがよかったかを裁定するのではなく、どうすれば避けられたかを研究することがねらい。

3つのアイデア

❶ ビデオテープをもう一度

けんかの当事者にその事件を再現させる。「ビデオテープでもう一度」というわけだ。終わったらそのけんかを見ていたまわりの子どもたちに、その再現が正しいかどうか意見を求める。「ちがうよ。先に手をだしたのは山本君だ」こうして、しだいに真相が明らかになる。

❷ 劇化してみる

再現に問題があれば、今度は役を変え、相手の役を演ずる。終わったら、見ていた子どもたちに意見を求める。「あそこは木田君が先にぶつかっていったんだ」「では、きみがやってみろ」と、見ていたまわりの子どもたちに再現させてみる。しだいに真相がみえてくる。

❸ どうすればよかったか演じて研究

真相がみえてきたら「どうすれば、けんかにならずにすんだのか」当人同士に、劇にして発表させる。同時に、見ていた子どもたちもペアにして、劇にして発表させてみる。つまり、みんなで、研究するのである。こうした表現や動作をとおして、子どもたちは、交わりの技術を学んでいく。

ノート

これは小学校での実践にふさわしい。ロールプレイの一種で役割交換法という療法でもある。演ずる場合、カメラ・スタッフを組織し、玩具のマイクやカメラを用意して「はい、スタート」むろん、遊びである。だからこそ、子どもたちは熱中し、自己を客観視し、自分の考え方、行動の仕方をとらえなおすようになる。教師が叱って解決すると「いい子」に偏った一面的な裁定になりがちで、これを避けることもできる。

楽しく指導

劇化法

ポイント

この劇化法とはテーマに基づいた活人画を表現するという方法。まず、6人から10人くらいの小グループをつくり、劇団名をつける。「少年劇場」「テレテレ劇団」など。学級の班を利用してもいい。そのうえで、本日のテーマは「いじめ」というように出題する。

3つのアイデア

❶「現実」を活人画で表現する

いじめの現実の姿を活人画で表現する。活人画とは登場人物が絵のように動かないで、ある情景を表現する方法。各劇団が順番に、現実のいじめの姿を活人画で表現する。ひとつ発表が終わったところで質問をとってもよい。「遠藤君はなにを表現したんですか」と。

❷「理想」の姿を活人画で表現する

今度はいじめのない理想の姿を同じように活人画で表現する。1分くらい制止したままにいる。劇団員は全員登場する。劇団が順番に表現し、ひとつ終わったあとに、質問をとる。「現実」も「理想」も子どもたちは迷うことなくじょうずに表現する。しかし、この劇化法の核心は次にある。

❸「過程」の姿を活人画で表現する

いじめの「現実」と「理想」を表現したが、そのふたつをどうつなぐのか、その過程の一場面を活人画で表現する。これが第3の問題である。いじめにどうとりくむかを考え、そのもっとも象徴的な一場面を切りとって表現するのである。子どもたちは悩んだ末に発見し、表現し、実践する。

ノート

「いじめのない学級をつくろう」とかけ声をかけても、具体的にどう行動するといじめがなくなるのか、はっきりしない。この劇化法は、その行動を子どもたちに考えさせた表現活動である。その意味では、❸の「過程」が核心部分で、この表現を考えさせ、表現させることで、子どもたちのいじめ対策の実践を育てることにつながる。なお、「そうじさぼり」「忘れもの」といったテーマを立てて、とりあげても面白いだろう。

楽しく指導

二段階法

ポイント

これは「裏技」である。ある目標値を子どもたちに課すと反対するから、最初は、わざと高い目標値をかかげて課す。子どもたちが反対したら、目標値までさげて課すという方法。子どもはすごく得した気持ちになるが、教師の二段階作戦にしてやられたわけである。

3つのアイデア

1 わざと高い目標値を課す

「宿題だ。土日と休み続きだから10ページ、やってくる。いいかな」「えーっ。10ページも」とぶつくさ文句が出る。「10ページくらい、なんだい。軽いぜ」「先生。学校五日制って、子どもを勉強から解放するためなんだろう」理屈である。「10ページなんてできないよ。おまけしてよ」

❷ 要求が出たらおまけする

「遠藤君一人がおまけしろって言ってもなあ。あとの人はやる気、満々だものな」「ちがうよ。まけて。1ページにまけてよ」「みんなの要求ならしかたない。では7ページ」「2ページ」「6ページ」「3ページ」「しょうがない、4ページで手を打とう。そのかわり忘れるな」「はーい、やったあ」と大喜び。

❸ 要求すれば変えることができる

最初から「4ページやる」と言うと、「うぇーっ」となるが、今のように、おまけして4ページにすると、子どもたちは得した気持ちになってやる気もわいてくる。このほうが忘れもの率が低い。これは遊びだが、大事なことを教えている。「要求すれば変えることができる」というセオリーである。

ノート

朝市などで買い物するとき、1000円の品物をみて「800円にまけてよ」と値切る。「しょうがないね。買い物上手なんだから、よし、900円にまけちゃおう」だが、店主は最初からおまけするつもりで、1000円の値段を設定していたのである。商売のかけ引きだが、価格を二重に設定しておくことから、二段階法と命名した。あまりやり過ぎると、底が割れて信用を失うが、遊びのつもりでやると、底が割れても笑ってまとめられる。

楽しく指導

失敗はとりかえせる

◀ポイント▶

学級の掲示板に忘れもの表が貼ってあり、○×で記入される。忘れると、むろん×がつくが、いったん×がつくと、その表が更新されるまで表示される。保護者の目にもとまるので、子どもにはつらい表であるが、失敗をとり戻せるようにすればいいのである。

3つのアイデア

① 3回○がついたら×が消える

毎日、忘れものを調べて表に記入する。月○火○水×木×金○というように。ここでルールをつくる。3日続けて○になったら、それまでの×を1つ消すというようにである。昨日まで、××○○の子どもの場合、今日○になると、×が1つ消えて×○○○○になる。

❷ ダブルで消える

×○○○になると、×が消えて○○○○になる。だから、昨日まで×○○×○○の子どもが、今日○になると、×○○×○○○となるから、×○○○○○○になり、ついで、×○○○○○○は○○○○○○○となって、2つの×が消えるようになる。ダブル抹消である。

月火水木金月火水木金土月火
×○○×○○×○○×○○○
この日○だと
月火水木金月火水木金土月火
○○○○○○○○○○○○○
バンザーイ

❸ 特売日ももうける

明日は、ぜったいにこの道具はもってきてほしいという場合、「明日は特売日にします。明日、忘れずに色画用紙をもってきた人は、忘れもの表の×を1つ消します」こうすると、ダブルねらい屋を含めて、子どもたちは緊張し、ほとんど忘れずにもってくるようになるから不思議。

本日特売日
今日、忘れなかった人は「×」をひとつ消します！
○○○○○××

ノート

わたしたちの教育は、失敗はとりかえせるという教育思想でなくてはならない。一度失敗すると、長いあいだにわたって責め続けるという方法はとるべきではない。この実践は失敗しても、次に努力すればとりかえせる、という考えに基づく面白い方法である。これを採用すると、面白いように忘れものが減る。それは、子どもたちにも受け入れられる再生の面白い方法だからだ。忘れものに限らず、教育全体に敷衍《ふえん》したい実践である。

楽しく指導

教育的演技

ポイント

教師のパフォーマンスは教育的演技という。その最たるものはモデリングだが、他にもいろいろある。ここに代表的な例をあげるが、時代とともに、教師の演技もその効果に変化が生じてきている。たえず、問いなおしながら、時代に生きる新しい演技を開発したい。

新しい演技を開発しなくちゃ
うんしょ

3つのアイデア

1 発想を転換させる

「そうかな。もし、だれも立候補しなかったら、どうする」「あっ、そうか」子どもたちの意見が安易に、ある方向に流れていくような場合、異なる観点を提起して、その流れに水を差し、話し合いを深めていく。とくに、アンチテーゼを出して揺さぶるときに用いる。

もし、だれも
立候補しなかったら
どうする？
そうか

❷ 楽しい空間を作る

私が中学生のとき、担任教師が朝の会で悲痛な表情で「悲しいお知らせがあります」わたしたちはなにごとならんと緊張すると「残念ながら今日の勉強は、一校時だけで下校となりました」わたしたちは、いかにも「残念」という顔をして、内心、うれし笑いをかみしめていた。

残念ながら
今日は1校時だけで
下校になりました…
ヤッター

❸ 志気を高めやる気を引き出す

部活の教師がよく怒って「もう勝手にしろ」と職員室へ戻ってしまう例がある。しかし、本気になって見捨てたわけではない。過剰に表現したのである。生徒は教師の怒りに、ようやく事の重大性に気づき、反省して代表者が謝りに行く。生徒の志気を高め、やる気を引き出す演技である。

もう知らん！
カントク、怒ってる…

ノート

教師は自己を偽ることなく、その喜怒哀楽を生徒にぶつけていいのだが、それが生々しすぎると的確性を欠くので、調整して表現する。それが教育的演技である。留意点は、先の部活の例でいうと、もしも生徒が謝りに来なかったらどうしたのかということである。教師は困ったにちがいない。そうならないように、見通しを立てて用いること、もしもの場合、他教師の介入を依頼するなどの救済策を用意しておくようにする。

楽しく指導

スキンシップ

◀ポイント▶

心に悩みをかかえた子どもが増えている。そうした子どもへのアプローチとして、スキンシップが用いられる。体を触れることによって、子どもをリラックスさせ、子どもが本来もっている成長力を引き出そうとする心理療法だが、仲よしになる方法と考えればいい。

3つのアイデア

1 教師から子どもへのスキンシップ

だっこする。肩車する。おんぶする。ハイ・パンチする。頭を撫でる。さする。くすぐる。軽打する。ぶんまわすなど。教師の子どもへのスキンシップは数えきれないほどあるが、子どもの充たされぬ愛情を補い、子どもとの親密さを深めるのに、欠かせない方法である。

❷ 子どもから教師へのスキンシップ

子どもから教師へスキンシップを求めてくることもある。手を握ってくる。おおいかぶさってくる。腕にぶら下がる。そういう子どもは「充たされない子」「寂しい子」「かまってもらいたい子」「自分に注目してほしい子」「要求を訴える子」ととらえ、それを拒まないようにする。

❸ 子ども同士のスキンシップ

子ども同士がスキンシップできる場を与える。ふざけっこする。押しくらまんじゅうする。レスリングするなど、身体接触する遊びを奨励する。教室の一画に畳を敷いておくとよい。その上で体をぶつけあって遊ぶようにする。子どもは身体的接触をとおして心をつなぐことを学んでいく。

ノート

スキンシップの必要が叫ばれる一方、教師による子どもへのセクハラが取り沙汰される。教師はまずなによりも自らの身を守ることを優先すること。したがって誤解をうむようなスキンシップは極力避ける。避けても、充分にスキンシップは可能である。また、体罰はスキンシップの一部という暴論に組みしてはならない。なお、スキンシップはいつまでも続けるのではなく、しだいに言葉や表情に替えていくようにする。

楽しく指導

子どもたちにも研究させる

ポイント

学級で発生した問題に教師がとりくむだけでなく、子どもたちにもとりくませる。発生した問題でもっとも被害を受けるのは子どもたち自身だからだ。そのとりくみをとおして、子どもたちに自分たちの問題を自分たちで解決する力を育て、楽しい学級をつくりだす。

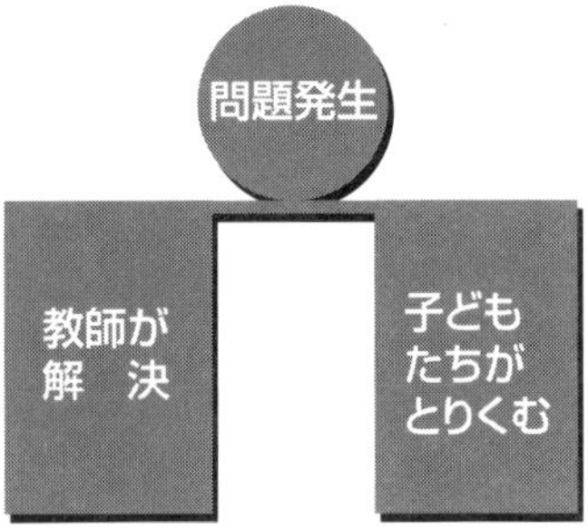

問題発生
教師が
解　決
子ども
たちが
とりくむ

3つのアイデア

1 66式や体験発表会

たとえば、「忘れ物が多い」場合、「少なくするためにはどうすればいいか」を話し合う。知恵を出し合う66式のバスセッションがいいだろう。また、数人の忘れものの少ない子どもたちに、「ぼくはこうして少なくしている」と、体験談を話してもらってもいいだろう。

忘れもの
体験発表会

❷ 研究大会を開く

「掃除当番をサボる人がいて困っている。どうしたらいいか」という訴えにたいして、「そうじさぼり研究大会」を開く。メンバーは学級委員・班長・当番長+希望者。困っている当番長が問題提起し、あとは集まった人たちがグループをつくって対策を出し合い、助言する。

❸ ディベート大会をひらく

「学校で缶コーヒーを飲んだ人がいる」という場合、「校則違反」と断ずる前に「学校で缶コーヒーを飲んでいい」「飲んではいけない」というタイトルでディベート大会を開く。ジャンケンで、1班が「飲んでいい派」2班が「飲ませない派」にきめて、討論し、みんなで問題点を深める。

「缶コーヒーは是か非か」

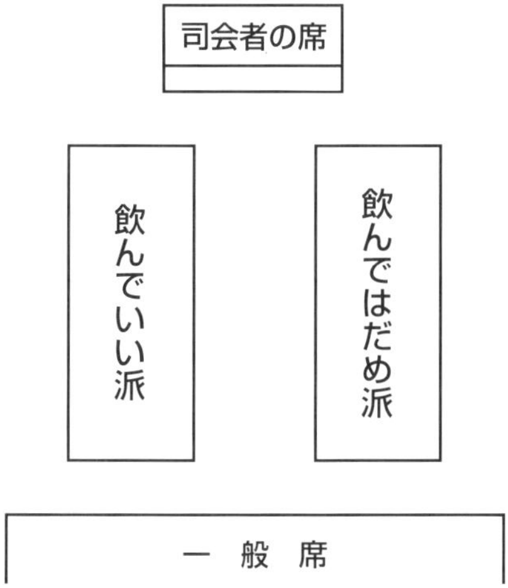

ノート

学級で発生する問題は、本来、子どもたち自身の問題である。子どもの遊び集団では、遊びのなかで発生した問題は、自分たちで解決した。そのセオリーを無視して、親が出てくると、たとえば「子どもの喧嘩に親が出る」とそしった。大人の干渉を嫌ったのは、子どもたちに解決する力があったからだ。近年、その力が衰えてきたので、その力を育てるためにも、自分たちの問題にとりくませてみたい。びっくりする力を出す。

楽しく指導

ワークショップ

◀ポイント▶

ハウツウを教えることをカウンセリングではスーパービジョンという。指導者＝スーパーバイザーが、研修生＝スーパーバイジーに扱った事例を報告させ「そこはこうするといい」と教える学習法である。学級では一種のワークショップとして実施するとよいだろう。

3つのアイデア

❶ チェアマンの実技学習法

各班にチェアマン（議長）がいる。このチェアマンを集めて、班会議のすすめ方についての実技学習会をする。各班のチェアマンたちが円卓に座り、そのうちの一人に議長として、実際にどう班会議をすすめているか、実習させる。途中、教師が助言してすすめていく。

② 朝や帰りの会の司会も実技練習

朝や帰りの会の司会者団には、最初、シナリオを渡してすすめさせるが、プログラムの追加や予期せぬ事例が発生するので、その対応についての学習が迫られる。司会者団を集めて、実技練習する。「まだ、私語をしている人がいる。どうする」問題を投げかけ、対処法を教える。

③ 関係者によるリハーサル

学級で、はじめて子どもたちの手で誕生会をすることになった。誕生会の実行委員会が集まって、当日の進行どおりにリハーサルをした。実際にやりながら、司会者・開会・閉会・紹介の言葉、位置のとり方、花束の渡し方なども「花先を右にして渡す」などと、指導しながらリハーサルした。

ノート

「子どもはやる気があるのにうまくいかないのは、教師の責任である」という名言がある。子どもたちはいろいろ活動したいと思っている。だが、どうやっていいかわからない。失敗したくない。そこで尻込みして消極的になる。そんなとき、教師がやり方を教えてくれるとしたら、子どもたちは喜んでやる気をみせてくれるだろう。ただし、ここでの教師の教え方は「やらせながら教える」というスーパービジョンの方法である。

楽しく指導

共生型教師への転換

◀ポイント▶

教えるのが好きな人が教師になったせいか、やたらに教えたがる。教育はたしかに教えることもするが、それだけではない。「引き出す」こともするし、「いっしょに考える」こともする。その意味で、「教える」というこれまでの教師像を問いなおしてみたい。

3つのアイデア

❶ 4つの対応がある

「この漢字、なんて読むの」と子どもに聞かれたとき。ⓐ「それは『からす』と読みます」ⓑ「この辞書を引いて調べてごらん」ⓒ「友だちに聞いてみたらどうかな」ⓓ「いっしょに調べてみようよ」古い教師像はⓐだったが、これからはⓑⓒⓓとなろう。

② 学び方を教える教師

学校は「学ぶ」と同時に「学び方を学ぶ」ところである。知識や技術を身につける方法を知っていれば、自らの力で学ぶことができる。したがって、教師は知識とその知識の獲得の仕方を教えることになった。「こうすればわかる、できる」という方法を伝えるというようにである。

③ いっしょに学ぶ教師

教師の理想像は「率先垂範」であった。しかし、情報化社会がすすむなかで、なにからなにまで「率先垂範」するわけにはいかなくなった。教師もまた学ばなくてはならなくなった。そこで、「いっしょに学ぶ教師」という、共に生きる「共生型教師」への転換が求められることになった。

ノート

今日、3つの教師像がある。①は「教え型」、②はコーディネート型。「学び方を教える」教師。③は「共生型」で「いっしょに学ぶ教師」である。コーディネートとは「各部分の動きを調整し、全体の統一を計ること」の意味で、演出家のような仕事である。教師は学級集団の演出家であり、学級集団を演奏する指揮者でもある。「共生型」は新世紀の教師像であるが、①から③までなんでもこなせる教師が理想である。

＊ コメント

◆指導を楽しむ◆

指導にはいろいろな方法がある。どの場面でどのような指導が有効かのセオリーはない。

ある小学校の教師は子どもたちが言うことをきかないので、涙が出てしまった。すると、子どもたちは「先生を泣かせてしまった」と反省し、先生の言うことをきくようになった。

これはいい話だと聞いても、そうかんたんに取り入れることはできないだろう。

どんなにすばらしく有効な指導も、そのとき、その場で、その教師とその子どもたちの間に成立したもので、教師がちがい、子どもたちがちがい、場面がちがったら、その指導が成立するかどうかはわかない。

したがって、教師は、指導を学びながらも、自分にふさわしい、自分の背丈にあった指導を発見しなくてはならない。発見するには、いろいろ試してみることである。

この「いろいろ試してみる」ことを苦痛に感ずるようでは、かなり疲れ切っている。もしも楽しんで試せるなら「指導を楽しむ境地にいたったぞ」と自賛してよい。

試して失敗したら、また、別の方法で試してみればいい。失敗すると、子どもが傷つくのではないかと恐れることはない。指導の失敗は、なんの傷も残らない。反対に、管理主義教育は、そのものも子どもを傷つけるが、失敗するたびに、深く子どもを傷つけていく。指導は失敗が許されるところがすごいのである。

ただし、指導を楽しみ、成功したからといって、来年もまた、それが成功するかどうかはわからない。たとえ、持ち上がり学級だとしても、子どもは年令と経験を重ねたことで変化しているのである。したがって、たえず指導を楽しみ続けることである。

Ⅴ章　子ども共和国づくり

子ども共和国づくり

共和国の大統領・大臣を選ぶ

◀ポイント▶

学級は学校の管理組織になり、学級担任は「校則徹底の取締官」になっていないだろうか。学級は、たまたま公園で遊んでいた子どもたちが集まって「子どもの共和国」をつくった。それが○年○組となった。そうとらえて、「学級共和国づくり」にとりくむ。

3つのアイデア

① 共和国に名前をつけよう

子どもたちと話し合って、共和国に面白い名前をつける。「遊び大好き共和国」「ピカピカチュウワ国」「怪獣組」「美少年美少女クラブ」ある2年生の学年では、学年が「アニマルワールド」で各学級に「パンダ」「キリン」「コアラ」の名前がついた。

❷ 大統領を選ぶ

共和国には大統領がいる。大統領になりたい人は立候補し「こんな共和国をつくりたい」という方針を立てて選挙に臨む。「子どもによる子どものための子供の国をつくります」と演説して当選した子どもがいた。同時に、男女2名の副大統領も選び、共和国の首脳陣をきめる。

❸ 大臣をきめる

大統領がきまったら大臣をきめる。共和国にどんな大臣が必要か、考える。レクリエイションをさかんにしたければ「レク大臣」、美化・掃除を司る「美化大臣」、健康生活をすすめる「保健大臣」、ほかにハムスターを飼育すれば「ハム大臣」、授業にとりくむ「勉強大臣」、いろんな面白大臣を選ぶ。

ノート

これは壮大な「ごっこ遊び」だととらえる。子どもたちは児童期から戸外に出て子どもたちと群をなして遊びながら「ごっこ遊び」に興じた。しかし、そうした遊びを失った子どもは「ごっこ遊び」によって獲得する諸能力の発達を閉ざされている。この実践は「お店やさんごっこ」に模した「共和国ごっこ」だとみてみると、その楽しさが倍加し、子どもたちもいつしか、その登場人物の一員としてふるまうようになる。

子ども共和国づくり

共和国の憲法・国旗・国歌

ポイント

共和国の首脳人事がきまった。次は、中身をつくっていく作業である。憲法・国旗・国歌などが、その中身になるが、なにもかも一挙につくろうとしないで、一学期は共和国の土台づくりで、3月になってついに完成する。その過程にこそ教育の意味があるからだ。

3つのアイデア

❶ 憲法をきめる

共和国の憲法をきめる。箇条書きがいい。多くを盛り込もうとせず、箇条数は学年の数に＋1が理想。4年生なら5箇条というように。「1　いじめはしない」という否定形でなく、「1　わたしたちはいじめません」というような約束形・宣誓形がいいだろう。

ワンパック共和国　4年1組

1 わたしたちはみんななかよくします

2 わたしたちはみんなできめてみんなでまもります

3 わたしたちは「イエス」「ノー」をはっきりいいます

4 ……

5 ……

❷ 国旗をつくる

共和国旗は学級の理念をあらわすシンボルである。「この旗をみなさい」といわれて、はっとして自分の行動や認識を反省するという図案でなくてはならない。学級で発生したけんか事件解決後、「仲よくする」理念を「手と手が握手」を図案にして共和国旗とした例がある。

❸ 国歌をつくる

共和国の国歌をつくる。子どもたちの好きな歌を国歌にしてもよい。中学校で「心さわぐ青春の歌」を学級歌とした例がある。あるいは、高揚するメロデーの歌の歌詞を替え歌にして、国歌とした例もある。国歌がきまったら、「第二国歌」や「応援歌」も。高校なら「逍遥《しょうよう》歌」づくりも洒落れている。

ノート

子どもたちの実践から「憲法」の案文を考える。人のいやがるあだ名をいって意地悪したという事件が発生。その問題を解決したあと、「わたしたちは人のいやがることはしません」という憲法をきめるというように、子どもたちの実践のなかから教訓をとりだして箇条書きにまとめ、条文をふやしていく。憲法は、抽象的な表現になるが、その背後に、事実にもとずいた具体的実践のイメージが豊かに広がってくる案文が望ましい。

子ども共和国づくり

共和国議会

◀ポイント▶

「みんなできめてみんなで行動する」から学級は「子ども共和国」なのである。教師がきめたことをただ守らされるのであれば、それは「植民地」である。学級の活動が自主決定できたとき、真の共和国ができる。共和国の立法機関、「共和国議会」をどう組織するか。

独立島
植民島

3つのアイデア

1 議会に必要な役割

全員が議員である。以下、議員から選ぶ。①議長。2名以上の常任の議長団。②運営委員。議長に協力し、議事進行を助け、議場を管理する。2名以上。③書記。ノート書記と黒板書記の2名。議長が指名。④議事録署名委員。最後に議長が議員から2名、指名する。

議会の平面図

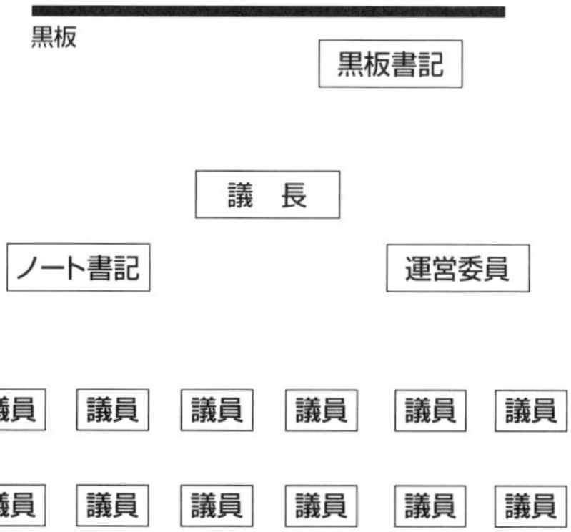
黒板
黒板書記
議　長
ノート書記
運営委員
議員
議員
議員
議員
議員
議員
議員
議員
議員
議員
議員
議員

❷ 議案の提出権

議案とは学級共和国が「これからどんな活動をしようか」という案をいう。たとえば「みんなで遊び大会をしよう」というように。この議案はだれが提出するのか。共和国の議員ならば、だれでも提案できる。大統領・大臣はむろん、一人ひとりの議員、それに先生も提案できる。

❸ 議会はいつひらくか

議会は定例と臨時がある。定例議会は2週間に一回、土曜日の3時間目ときめておく。掲示板に「議会からのお知らせ」コーナーをつくり、次の議会で相談する議案を書いておく。定例の議会まで待てないような緊急の案件については、朝や帰りの会を使って臨時議会を開いて審議する。

ノート

共和国議会は学級総会ともいう。学級のみんなが参加して、学級の意志を決定する会という意味である。議会＝総会を開いて議案を提案し、討論し、修正したり決議したりするのは大人の社会でもむずかしい。教職員会議・株主総会・国会をみても明らかである。議会＝総会では議長の指導性がとくに強く問われるから、最初は議事のすすめ方のシナリオをつくって、議長が上手に議事進行ができるようにそばにいて支援する。

子ども共和国づくり

地方組織

◀ポイント▶

共和国の「州」「県」にあたる地方組織は、どう整備したらいいのだろうか。共和国の政治形態は中央集権制ではなく、地方分権制である。したがって、共和国に「州」「県」をおき、それぞれ名前をつけて、各「州」「県」ごとに、自由に活動できるようにする。

3つのアイデア

❶「州」をおき、「知事」を選ぶ

共和国は最初は好きなものが集まって「州」をつくり、州知事を選ぶ。「州」にはメンバーの頭文字を組み合わせて「スマップ州」というような名前をつける。州知事には男女各一名選んでもよいし、知事と副知事にしてもよい。知事の呼称は「ボースン」でもよい。

❷ 州議会を設置する

各州に「州議会」をおく。常任議長を選んで「州議会」を開き、なにごとも話し合ってきめる。最初に州の憲法、「州法」を3箇条くらいにまとめる。後は人事をきめる。当番と係の責任者・集配係・書記・発表係など。当番長は清掃会社社長というように面白くネーミングする。

❸ 州の活動

共和国の活動や行事とぶつからなければ、州は独自に活動してよい。町の「ラーメン地図」をつくるというような楽しい活動がよい。州活動はなるべく全員に参加してほしいが、原則として希望者による活動とする。ただし、他の州の人々にも呼びかけ、希望者を募り、輪を広げて実施する。

ノート

学級の班は1班、2班と呼称した。学級の班だから、そう勝手なことをしてはいけないとして、数字による枷（かせ）をはめ、自由活動を制限した。しかし、班を州として、自由に名前をつける実践は、自由に活動してよいという意味になる。これが、学級と班の話ならなんでもないが、学校と学級の関係になると、学級活動の自由を認めるということにはならない。せめて、学級のなかでは班活動の自由は保証してやりたい。

子ども共和国づくり

会社をつくる——その①

ポイント

共和国内ではだれでも自由に活動できる。たとえば子どもたちの有志が集まって会社をつくり、事業活動もできる。一種のごっこ遊びである。掲示板を使って、社員を募集し、会社の宣伝をして事業を広げ、お客さんを呼び込む。人気の面白い会社を紹介してみよう。

3つのアイデア

❶ レンタル会社

忘れものをしたときに借りる会社。会社の人に「体育帽を忘れたので、貸してください」すると「ありがとうございます。いつまで、借りたいんですか」「3校時だけです」「はい。分かりました。では、お使いください」学校で必要なあらゆるものを貸してくれる会社。

❷ 身の上相談会社

「井上さんたちに意地悪されているんだけど、どうしたらいいでしょうか」「S君からつきあってと言われたんだけど、どうしたらいいかしら」困ったことを相談する会社。相談日に相談に行くと、会社の人が㊙で話を聞いてくれて、いろいろ相談にのって、アドバイスしてくれる。

❸ 占い会社

「明日の日曜日、何色の服を着るといいことあるかしら」「靴がなくなったんだけど、どこを探すといいのかな」こんな占いをしてくれる。「花占い」「星占い」「姓名判断」「トランプ占い」「手相」など、各種の会社が乱立して競合し、激しく客を奪い合うようになるので面白い。

ノート

「宿題引き受け会社」をつくると大受けして、商売大繁盛するだろうが、これは先生に叱られそうである。子どもたちの会社はつくったかと思うと、すぐに潰れたりして集合離散が激しいが、それでよい。最初は、社会の状況をうつして「どうかな」と思われる会社もできるが、金銭を集めたり、人権にふれたりするような、よほどの問題がないかぎり許容して自由に活動させる。よくみていて、ときに助言するといいだろう。

子ども共和国づくり

会社をつくる——その②

ポイント

会社の活動は社会にある経済活動をモデルにしたものである。そこから、さらに、一歩踏み出し、共和国らしい相互扶助を組織する会社へと発展させていきたい。とくに、学習活動について支援する会社ができるようになると、会社活動はほんものになっていく。

３つのアイデア

❶ 課題をだす学習社

「課題をだす会社」へ行くと「今日の勉強」のプリントをくれる。家に帰って、そのプリントをやり、翌日提出すると、○×をつけて返してくれる。社名は「○×学習社」。学習社はいくつもあって「今日は何人の客が来た」と、激しい競争を繰り広げている実践がある。

❷ 学習塾

書き取りテストや中間テストの前に開く「学習塾」国内にいくつもあって、それぞれ「わが社で勉強すれば百点間違いなし」とCM。その学習塾にはいると、放課後、教室で教えてくれる。書き取り塾だと、予想問題の配布や模擬テストをしてくれたりして、ていねいに教えてくれる。

❸ 球技なんでも応援会社

この会社は、球技の苦手な人のための支援活動をする。たとえば「サッカーが苦手だ。もっとじょうずになりたい」という人のための塾。昼休みに校庭で、教えてくれる。基本を教えてくれるほかに、ミニ・サッカーも楽しめる。じょうずになると、地域のサッカークラブにいれてもらえる。

ノート

課題をだす学習社は「今日、家庭でなにを勉強すればいいのか」を教えてくれる。家庭学習は「①教師が宿題として出す段階」「③子ども自身が自分で計画を立てて勉強する自学自習の段階」まであるが、①③の間が遠すぎる。そこで「②子どもが子どもに課題をだす段階」をおいて、その空隙《げき》を埋めたわけである。学習会社の社員はすでに③の段階にあるわけで、自学自習への移行が、学級内で部分的に完了していることを示している。

子ども共和国づくり

会社をつくる――その③

◀ポイント▶

自発的な会社活動は、有志によるグループの自主活動である。この活動をとおしてグループ内の交わりもすすみ、協力して実行する自治能力を身につけることができる。その能力は、共和国の他の活動にも生かされるので、大いに奨励して活性化するとよいだろう。

3つのアイデア

❶ 交際コーディネーター

今の子どもたちの苦手な「交わり」をすすめるための「交際コーディネーター」が脚光を浴びている。「あの人と遊びたい」「あの人と話したい」という要望を聞いて仲立ちする活動である。仲立ち対象の範囲は校内に限定する。成功率80%なら大成功。

❷ 謝り付き添い会社

先生に叱られて職員室へ謝りに行くときは心細い。どう謝っていいか、わからない。そういうストレスがたまると、異変が発生しかねない。そこで、謝りに行くとき付き添ってくれる会社ができた。謝り方のノウハウを教え、いっしょに行って、ときに言葉も添えて謝ってくれる。

❸ ばんざい会社

先生にほめられた人に、あるいは「明日は半日授業になりました」というような吉報が報じられたとき「ばんざい」して祝ってくれる会社。数人の社員が取り囲んで大きな声で「ばんざい」三唱する。ときに、落ち込んでいる人へ「ばんざいしてストレスを発散しよう」と売り込むこともある。

ノート

この3例は、いずれもなんとなくおかしい。だが、これが当今はやりの会社である。バカバカしいと思うことのなかに、ある面白さを発見するだろう。学校は表文化で指導しているが、子どもは、ときに、裏文化にも触れたいのである。かつて、裏文化は路地裏などにあったが、遊び世界を失った子どもたちは非行文化を裏文化だと勘違いするようになった。子どもたちの裏文化にも着目して、こうした活動を承認してみたい。

子ども共和国づくり

遊びサークル活動

◀ポイント▶

会社の活動は組織的であるが、それとは別に放課後、子どもたちの自由意志による趣味や遊び活動を活性化したい。遊びたい子どもが「遊びたいもの、この指とまれ」とみんなに呼びかけ、集まったもので遊ぶ。自発性を重視した一種の学級内クラブ活動である。

3つのアイデア

1 すいすい遊ぼう会

子どもたちの放課後も忙しくなった。月は水泳、火は英語、「あいているのは水曜だけ」という子どもの呼びかけでつくった遊びサークルが「すいすい遊ぼう会」水曜日なので「すいすい」とした。金曜日は「金きら遊ぼう会」木曜は「もくもくと遊ぼう会」

❷ 趣味の会

「テレビゲームを楽しむ会の例会は、本日、橋本君の家で開きます」と、リーダーが呼びかけて開く。新しいソフトを交換したり、攻略法を研究したりする。こうした趣味グループ活動は、「天文」「マンガ研究会」など、マニアを中心に組織してやると、自主的に動きだす。

❸ ひま人クラブ

放課後、なにもすることもなく「ひま」をかこつ子どもが多い。「小《しょう》人閑居《じんかんきょ》して不善を為す」ので、なにか活動するようはたらきかける。「ひま人クラブ」を作って、公園でサッカーを流行らせた実践がある。子どもたちは、教師のちょっとした援助ではずみがついて、動きだすものである。

ノート

教育の機会均等の精神に基づいて、学校は常に全員がいっせいに活動することをたてまえとしてきた。しかし、自由時間には、自由参加方式といって、好きなものが集まって、好きな活動をするという組織法も奨励したい。これからの新しい活動のすすめ方である。好きなものがはじめた活動が大きく広がって、全員でやってみようとなれば、それはそれで大いにけっこうなことで、ボトム・アップ方式の典型実践となろう。

子ども共和国づくり

楽しい活動ベスト3

◀ポイント▶

共和国の活動は「楽しいこと」がいい。このごろの子どもたちは自主性がないというが、そんなことはない。楽しいことなら自主的にやるのである。むりやりやらされるから自主的にとりくまないのである。では、なにが楽しいのだろうか。ベスト3を紹介しよう。

3つのアイデア

1 遊び大会を開く

学級活動などの時間を使って「遊び大会」を開く。ハンドゲームを楽しみ、ついで、円陣をくんでみんなで遊ぶ。グループ対抗ゲームで遊ぶ。教師が新しいゲームを教える。これらの企画・運営・遊びの指導は、すべて子どもたちがおこなう。遊びなら得意科目である。

❷ 誕生会を開く

月に一度、その月に生まれた子どもの誕生会を開く。最初は教師が主催しても、すぐに子どもたちの手で開けるようになる。誕生会は、すべての子どもが主役になれる会で、仲間認識も育つ。名前の由来を紹介し、野の花を贈ったり、寄せ書きしたりして、盛大にお祝いする。

❸ 学級お楽しみ会を開く

できれば隔月に、少なくとも学期に一度、学期末には開きたい。教室を飾りつけ、菓子やジュースを飲食しながら実施する。グループごとに出しものや個人の隠し芸も披露してドンちゃん騒ぎする。学年末には父母も参加して「お別れ会」を兼ねるといいだろう。この会も子どもたちの得意種目。

ノート

ここにあげた3つの行事は、どれも子どもたちの得意な活動である。レク大臣が企画したり、全国知事会が主催してもよい。実行委員会方式でもよいだろう。いろいろな個性が発揮されるだろう。ただし、誕生会は毎月なので、他の行事と兼ねて開くとよい。学校五日制で行事が減ったので、1つの行事にいろいろ盛り込む多目的行事として発想する。これらの行事によって獲得した自主性は、他の活動にも生きることになる。

子ども共和国づくり

大切な要求活動

◀ポイント▶

学級共和国は楽しむだけでなく、国民一人ひとりの生活と学習を守り、発展させなくてはならない。したがって、生徒会や学校にたいして、「こうしてほしい」という要求活動が大切な活動になってくる。また、その要求は、学級共和国内部に対しても発せられる。

3つのアイデア

❶ 外への要求―①

学級は児童会・生徒会の一員だから、その活動に対して、提案・修正・要求したりして、その恩恵をみんなで享受できるようにする。児童会へ「遊び大会を開いてください」あるいは、図書委員会に「土曜日は3冊まで借りられるようにしてください」と要求する。

❷ 外への要求──②

学校や教師に対する要求も、児童会・生徒会の議会や委員会をとおして活性化する。「校則の服装規定を変えてほしい」「テストの点数を貼り出さないでほしい」「掃除用具をふやしてほしい」こういう要求をどんどん出して、楽しい実のある学校生活をつくり出していく。

❸ 内への要求

学級共和国のみんなに向かって要求する。「いじめはやめよう」「授業中の私語はやめようよ」「老人ホームのボランティアに参加してください」と、仲間に対して要求する。仲間への要求を決議し、みんなで実行できるようにとりくむ。このことができれば、共和国づくりの完成は間近い。

ノート

要求は、学級共和国の活動のなかで、もっとも大事なとりくみである。子どもたちに「世の中は変えることができる」を身をもって体験させることができるからだ。しかし、要求したからといって、すぐに実現するものではない。実現しなければしないで、阻むものの厚さを認識し、ねばり強く要求することの大切さを学ぶ。その要求は外と内へ向けられるが、仲間への要求がいちばん困難で、学級づくり実践の重要なテーマである。

＊ コメント

◆ 指導の最高形態 ◆

指導の到達目標は、子どもたちが子どもたちにはたらきかけるように育てることである。教師がいちいち言わなくても、自分たちの力で学級が動かせるようになれば、いうことはない。

たとえば、教師が「いじめをやめよう」と指導しただけでは、なかなかいじめはなくならない。いじめは教師のみていないところでおこなわれるからだ。

しかし、子どもたちが「いじめをやめよう」と言い出し、とりくんだらどうだろうか。いじめはみるみるなくなるにちがいない。

とすると、教師の指導とは、いじめがなくなるようにとりくむと同時に、子どもたちにいじめにとりくむ力を育てることでなくてはならない。その結果の姿が自主的な学級である。問題がなくなったから自主的な学級になったのではなく、自らとりくむ力が育ったとき、自主的な学級に成長したといえるのである。

そういう自主性を育てるには、しくみが必要である。そのしくみが「共和国づくり」である。お店やさんごっこのような、国づくりごっこと考えればいいだろう。

子どもたちはごっこ遊びをしながら、生活や社会を学び、自主能力を発達させてきたが、ごっこ遊びがなくなり、人との交わりや自主能力の発達が疎外されるようになった。しかし、共和国づくりは、そうした疎外を克服する壮大な集団ごっこ遊び実践である。

子ども共和国をつくり、共和国内に発生する問題に、自らとりくむようになれば、学級づくりの花が咲いたといえる。自主性は指導の最高形態であり、究極の姿だからだ。

指導は、注意からはじまり、自主的な学級に成長することで、ここにめでたく完結するのである。

指導の力と人格の力——あとがきにかえて

たとえば、朝の会に出るため教室へ行こうとしたら廊下に紙屑が落ちていたとしたら、さて、どうするか。

①見て見ぬふり。あえて、ほったらかしにして、子どもたちに気づかせようとするのか。なにもせずに、教室へ入る。

②教室へ入ってきて「だれだ。廊下に紙屑を捨てたのは、出て来い」と怒鳴り、犯人を追及する。

③あるいは、廊下を管理する「日直」を怒鳴りつけて拾わせる。

④紙屑を拾ってきて「朝当番」と怒鳴って、「落ちてたぞ」と紙屑を投げて、紙屑箱に捨てさせ、説教をはじめる。

⑤教師が拾って捨てた。ただし、子どもたちになにも指導しない。

⑥朝の会の教師の連絡・お話コーナーのなかで「クイズ」をだす。「先生は今、廊下で発見したものがある。さて、なんだろう」「紙屑」と答えさせ、「なぜ、廊下に捨てるのかな」と注意する。

⑦あるいは、拾った紙屑をみせて、「これ、なんだと思う」「どこにあったと思う」「こういう紙屑を見て、どう思う」そんな導入で紙屑を捨てないように注意する。

⑧教室へ入ってきて「美化委員。ちょっと廊下へ出てごらん」と紙屑をみせて「対策を立ててみるか」と助言して、対策を立てさせる。

⑨拾った紙屑を職員室へもって帰り、「数学のプリントか。すると、数学の授業はどうなのかな」と分析し、学習委員といっしょに「数学の授業面白大作戦」を展開する。

ここに、とりあえず9例をあげたが、これらの選択肢から、教師は状況にあった、かつ、好みの方法を選択して指導することになる。

それにしても、紙屑ひとつでも、ピンからキリまで、いくつもの指導法のあることがわかるが、上の⑥〜⑨はピンのほうで、①〜④はキリのほうである。キリになるのは、⑥〜⑨の方法を知らないから、朝から怒鳴ってしまうのである。それぞれが自分をふりかえって、⑥〜⑨型に切り替えるようにしなくてはならない。

わたしは若いころは、②〜④型だったが、しだいに、自らの指導力のなさに気づき、しだいに、⑦〜⑨の方法をとるようになった。このほうがずっと面白く効果的で、そんなことから指導について考えるようになり、生涯の研究テーマになった。

ところで、⑤はどうだろうか。教師が拾って黙って捨てるという方法である。率先垂範の教師で、この9例のなかでは、もっとも人格的にすぐれている。こういう教師の姿をみて、影響される子どもも少なくない。教育は、指導の力のほかに、今の例のように、人格の力によっても実践できるのである。人格的力量というが、子どもに好かれ、信頼され、尊敬される力である。子どもに好かれたら、少しくらい指導がへたでも子どもはついてきてくれる。指導不成立は、指導が拒否されているほかに、教師が嫌われてしまったという例が多い。

では、どうしたら子どもに好かれる教師になれるのだろう。率先垂範する教師、つまりモデリングのすぐれた教師、ほめる・叱る・聞き上手な教師、ユーモアのある教師、授業が上手、というように、やはり指導の力のある教師である。

ということは、教師の場合、人格的力量は、指導的力量と相乗的な関係にあるということだ。まじめな、道徳的にすぐれた教師というような人格的な高潔さだけでは、指導は成立しない。

紙屑ばかり拾って歩く校長がいた。あるとき、子どもが紙屑をぽんと蹴ってよこして「校長、ここにも紙屑が落ちてるよ」と。この校長、思わず、キレて、その子どもを殴ってしまったという事件があった。これが、指導性を失った紙屑拾いの末路である。

指導の力が加わって、はじめてその行為者の人格が輝きはじめるということである。まさに、指導の力が問われる時代である。

2001年2月10日

家本　芳郎

家本　芳郎（いえもと・よしろう）
1930年、東京に生まれる。神奈川の小・中学校で約30年、教師生活を送った。主として学校づくり、生徒会活動、行事・文化活動、授業研究に励む。退職後、研究・評論・著述・講演活動に入る。長年、全国生活指導研究協議会・日本生活指導研究所の活動に参加。
現在、全国教育文化研究所、日本群読教育の会を主宰。
著書：『ＣＤブック・家本芳郎と楽しむ群読』『教師におくる「指導」のいろいろ』『子どもの心にとどく・指導の技法』『子どもと生きる・教師の一日』『子どもと歩む・教師の12カ月』『教師のための「話術」入門』『群読をつくる』『新版・楽しい群読脚本集』『合唱・群読・集団遊び』『楽しい授業づくり入門』『明るい学校つくる・教師の知恵』（以上、高文研）ほか多数。
ホームページ　http://www007.upp.so-net.ne.jp/iemoto/
Ｅメール　iemoto@pg7.so-net.ne.jp

イラストでみる**楽しい「指導」入門**

●2001年４月１日――――――――――第１刷発行
●2005年10月10日―――――――――第４刷発行

著　者／家本芳郎
発行所／株式会社 高 文 研
東京都千代田区猿楽町２－１－８（〒101-0064）
☎03-3295-3415　振替口座／00160-6-18956
ホームページ　http://www.koubunken.co.jp

組版・制作協力／藤森瑞樹
印刷・製本／株式会社シナノ

★乱丁・落丁本は送料当社負担でお取り替えします。

ISBN4-87498-253-0 C0037